AF642498

Sarah Marie

Im großen Ganzen hoffnungsvoll

Sarah Marie

Im großen Ganzen hoffnungsvoll

LAGO

Gedichte und Texte

Quit waiting for a plan;
just go love everybody

Bob Goff

Inhalt

Ruhe im Chaos

Sonnenstrahlensammlerin

Ich wünschte, ich wäre
optimistisch veranlagt
Ein Mensch, der statt Sorgen
nur Träume im Kopf hat
Eine Sonnenstrahlensammlerin
den Blick stets auf das Gute
die das Glück schon mit sich weiß
anstatt es noch zu suchen

Doch mein Herz ist pessimistisch
und mein Kopf wolkenbehangen
Seine Sorgen, seine Ängste
lassen der Sonne kaum Bahnen

Aber ich glaub, von Pessimisten
hat die Welt bereits genug
Wenn ich schon einer sein muss
tja, dann mache ich es gut
Ich begegne meinen Sorgen
Ich umarme sie ganz fest
bis die erste Sorgenwolke
ihre Tränen rollen lässt

Ich bin ein Pessimist, ein Wolkenmensch
doch vielleicht zeichnet mich das aus
um genau dem Hoffnung zu schenken
der sie – wie ich – am meisten braucht

Ruheort

Ich möchte einen Ort
der Stille kreieren
In einer Zeit, die rast
in einer Welt, die schreit
für einen Kopf, der zu viel hat
ein Ruheort sein

Komm her.
Halt an.
Atme.
Denke.
Fühle.
Sei.

Lass mich Zuspruch
für das finden
was in dir noch
Stürme treibt
Um dir inmitten
allen Trubels
den Wert des Lebens
neu zu zeigen

Gedicht an dich

Trotz all dieses Gedankengewichts
weiß ich, Seiten brechen nicht
Darum belad ich sie mit Worten
stolpernd, hoffend, nachdenklich
und sende ein Gedicht an dich

Wenn du kannst, zwischendurch
schließ die Augen beim Lesen
und lass dein Herz dir diese Worte
weinend, fühlend, aufrichtig
im Stillen wiedergeben

Deshalb schreibe ich

Ich schreibe nicht, um gehört zu werden
Beim Schreiben höre ich erst hin
Es hilft mir zu verstehen
was ich denk und wer ich bin

Das Gewusel meines Denkens
aufgereiht in schmalen Zeichen
Anstatt auf zehn Spuren im Kopf
denkt mein Stift nur noch auf einer

Betrachte dann, neutral von außen
was in mir grad wütend tobt
Und all das, was den Kampf nicht wert ist
streiche ich durch, lass es los

Ich weiß, nicht jeder greift zum Stift
um sich selbst zu therapieren
Doch ich würde jedem raten
es zumindest zu probieren

Mir tut es gut

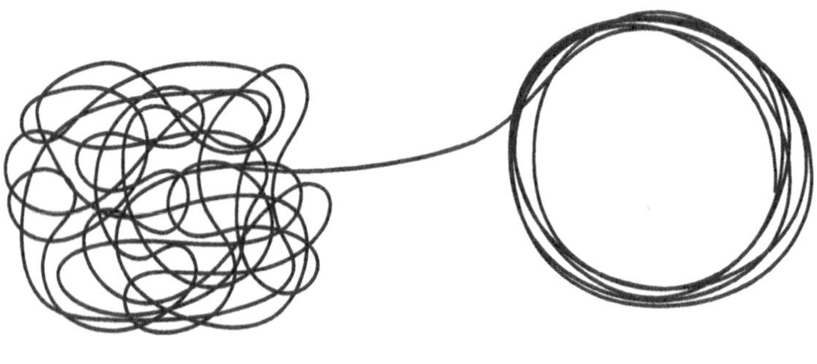

Heiligenhaus

Alles um mich fliegt
oder bin ich das
fliege ich fallend?

Verschwommene Silhouetten
von Blättern und Häusern
und menschengefüllten Plätzen
Städte und Leben
aus dem Zugfenster gesehen
Ich bin schon lange nicht mehr länger
an ein und demselben Ort gewesen

Jeder Herzschlag ein Sekundentakt
Meine Gedanken bleiben nicht lange
an einem Ort, bei einer Sache
Alles rennt, rast, stürzt
und ich weiß nicht mehr
wie durchatmen geht

Denke morgen erst an morgen
doch fange heute schon an
mich um übermorgen zu sorgen
Gestern ist für mich
zu letztem Monat geworden
So weit weg

Mein rechter, rechter Platz ist frei
ich wünsch mir einen Freund herbei
Doch sitzt dort bloß mein Gepäck

Kann sein, dass ich mich überschätz
Ich wollte Freiheit, doch hab'
sie verwechselt mit Stress
Renne von Ort zu Ort
Gesicht zu Gesicht und
Projekt zu Projekt
Habe ich Angst davor
dass die Stille einsetzt?

Spüre die Sehnsucht in mir
die zu sehen versucht, was ihr
Ruhe gibt, und hier, in diesem Zug
wird mir klar, dass ich seit Monaten
einen Heimathafen such

Und mit jedem Umzug scheint es klarer:
Es gibt nur eine Stadt in dieser Welt
die schon immer meine Welt war
so viele Erinnerungen und Menschen
für mich hält
Und fragt man mich: »Wo kommst du her?«
ist sie es, von der mein Herz erzählt

Also steig ich aus in Düsseldorf
in die S6 rein und in Hösel raus
in den Bus hinein und zurück nach Haus
endlich zurück nach Heiligenhaus

Und wenn ich dann in meine alte Straße fahr
sind die gleichen Häuser noch immer da
die gelbe Tonne pünktlich vorgefahren
vor den Häusern die Nachbarn
Sie sprechen bestimmt immer noch
über die neue Autobahn

Es ist alles wie immer
und irgendwie schön
Genau das, was ich brauche
wenn Gedanken durchdreh'n

Ich komm von überall her
immer wieder hierhin
Aber nur hier komm ich her
um zu sein, wie ich bin
Werde wieder zum Kind
in meinem Elternhaus
werfe die Tasche einfach hin
Mama setzt schon Kaffee auf
und endlich machen verwirrte
Gedanken wieder Sinn

In meinem Heimathafen
meinem Heiligenhaus
Jede Straße meine Kindheit
Jede Ecke voller Inhalt
So viel Erinnerungsstoff
von Sankt-Martins-Zug
bis Heljens-Rock

Und ich bleibe nie lange
doch ich komm immer zurück
Denn fragt man mich
»Wo kommst du her?«
sprech ich doch voller Glück
von meinem Heimathafen
Meinem Heiligenhaus

Wo sich schon meine Eltern trafen
Wo Kindheitsfreunde auf mich warten
Meinem Dreh- und Angelpunkt
Meiner Basis, meinem Brett zum Absprung

Und wohin es auch geht
weiß ich doch, wenn ich zurückkomme
wird mein mir heiliges Zuhause
hier immer noch stehen

Und das zu wissen ist schön:
Wohin der Wind mich auch trägt
wohin die Schienen auch drehen
weiß ich doch, ich kann immer
nach Hause gehen

Frau der Jahreszeiten

Als Frau der Jahreszeiten
wachse ich
blühe ich
zerfalle ich
ruhe ich aus
und beginne dann neu
Trage die Wärme im Herzen
ohne die Kälte zu scheuen
Jeder Saison ihre Farben
Jedem Menschen das Vermögen
dem Werden
wie dem Sein
mit einem Lächeln zu begegnen

Applaus

Die Blüten recken ihre Köpfe
die Pflanzen ihre Hände
Die Bäume heben ihre Äste
um sich der Sonne zuzustrecken
Jeder scheint zu rufen:
»Hier bin ich, wähle mich«
Sie zeigen ihre beste Seite
entgegen Sonnenlicht

Die Sonne, sie ist unbeeindruckt
denn sie bleibt stets gerecht
Sie teilt ihr Licht mit allen
sei'n sie gut, sei'n sie schlecht
Die Sonne, nein, sie wählt nicht
nach Gesundheit oder Reiz
Sie tut, wie sie geschaffen ist
und jeder hier hat teil

»Wozu bin ich wohl unter dir?«
frage ich sie still
Frag nach dem Ruf auf meinem Leben
und nach seinem tieferen Sinn
Ich hoffe sehr, dass ich herausfind
wozu man mich geschaffen hat
und dass ich dann, so wie die Sonne
mit meinem Sein bereichern darf

Dankbarkeit

Manchmal da vermisse ich
so viel von dem, was war
Doch eines Tages vermisse ich
genau das, was ich grade hab'
Also wähl ich Dankbarkeit
an jedem neuen Tag
Denn wer nur am Vermissen ist
schätzt nie das, was er hat

Achtsamkeit

Die Schönheit war da
sie zog vorbei
Was fehlte, war
die Achtsamkeit

Die Schönheit steht da
im neuen Monat bereit
Nimm sie jetzt wahr
du hast die Zeit

Die Farben sind da
schenk ihnen deine Zeit
Genussloses Leben
bleibt schwarz und weiß

Mit der Zeit

Kämpfst du mit der Zeit
gegen die Zeit
hast du sie schon verloren

Doch

freust du dich mit der Zeit
an der Zeit
wird dir jede Sekunde
neue Freude geboren

Wo bist du

»Wo bist du?«, frage ich dich
trage Kopfhörer im Straßenlärm
Um mich herum ein lautes Toben
ich kann kaum die Musik hören
»Direkt bei dir«, antwortest du
aber ich hör dich nicht
Ich skippe schon zum nächsten Lied
und denk nicht mehr an dich

»Wo bist du?«, frage ich dich
zwischen Terminen im Kalender
Ich sitz an meinem Schreibtisch
zwischen Stiften, Büchern, Heftern
»Ich bin doch hier«, antwortest du
aber ich hör dich nicht
Ich sorg mich schon um morgen
und hab' keine Zeit für dich

»Du bist nie da«, schrei ich dich an
emotionale Achterbahn
Bin ständig unter Leuten und
betäub mein Herz mit Freizeitkram
»Ich bin mit dir«, antwortest du
aber ich hör dich nicht
Ich werf mich unter Leute
und vergesse dabei dich

»Wo warst du?«, frage ich dich
in der Stille tiefster Nacht
»Ich stand mit dir an der Kreuzung
und saß mit dir zur Arbeit da
Ich bin mit dir, ich bin in dir
auch dann, wenn du beschäftigt bist
Doch während du mich suchst
hast du schon keine Zeit für mich«

Deine Antwort, sie ist deutlich
und so langsam wird mir klar
Du bist immer bei mir
aber ich bin oft nicht da
Du begleitest mich im Alltag
mal auf stille, mal auf laute Art
Es wird nur Zeit, dass ich nach Fragen
auch auf deine Antwort wart

Energie

Du wirfst mit Energie so um dich
als hätte sie gar keinen Wert
Du verteilst sie in Eimern
doch ihre Quelle ist längst leer

Wäre Energie 'ne Währung
wärst du wohl längst bankrott
Du hebst den letzten Cent vom Konto
und verschenkst ihn dann auch noch

Ist dir denn nicht bewusst:
Energie ist ein knappes Gut
spar dir welche an und
investiere sie auch gut

Nimm bloß keinen Kredit auf
denn die Zinsen zahlst du ewig ab
und kaum einer ist ärmer dran
als der, der keine Kraft mehr hat

Hörst du die Musik?

Hörst du die Musik?
Hör ganz genau hin
es kann sein, dass die Gedanken
noch zu laut für sie sind

Hörst du die Musik?
Die aus dem Lautsprecher des Lebens
Alles um uns singt vom Segen
sich mal etwas Zeit zu nehmen

um zu lauschen
zu verweilen
nur du und ich
und die Melodie
des Einfach-mal-Seins

Sanft

Sei sanft zu dir selbst
Du bist ein blühendes Wesen
und bist vielen schon Freundin
und Zuspruch gewesen

Spazieren gehen

Man sollte jeden Tag spazieren gehen
Wenn man die Sonne nicht im Herzen hat
dann doch zumindest auf der Haut
Und man sagt, dass sie von dort
dann nicht mehr weit
nach innen braucht

Im Sommer

Im Sommer schmeckt
mein Leben nach Brause
Es klingt nach Poesie
Es riecht wie Sonne nach dem Regen
und es geizt nicht mit Energie
Im Sommer senden meine Sinne
meinem Körper Glücksimpulse
Jeder Morgen lacht mich an und
Tage prickeln auf der Zunge
Der Sommer endet irgendwann
aber im Herzen behalt ich ihn
Stecke ihn ins Marmeladenglas
und lasse keinen Tag vorüberziehen
ohne meinen Freudentank
mit anderen zu teilen
Auf dass wir alle Sonnenschein
in andere Leben scheinen

Das habe ich lächelnd geschrieben

So wie die Blätter meiner Pflanzen
wachse auch ich zur Sonne hin
Daran liegt's, dass meine Mundwinkel
seit Tagen hochgezogen sind

Fühl mal, Körper

Fühlt mal, Hände
merkt ihr das?
Ihr tut 'ne ganze Menge
Ihr haltet fest
ihr schreibt und tragt
ihr sorgt für andere Menschen

Schaut mal, Augen
seht ihr das?
Erfasst tausend Momente
Ihr schaut nach vorn
ermöglicht mir
die ganze Farbpalette

Lauscht mal, Ohren
hört ihr das?
Ihr nehmt so vieles wahr
Ihr schenkt Musik
und seid für anderer
Herzen Lasten da

Merk mal, mein Herz
spürst du das?
Du fühlst in rauen Mengen
denn all das, was
dein Körper wahrnimmt
wird einmal bei dir enden

Weißt du, mein Herz
dass du das darfst?
Es ist gut, viel zu fühlen
das heißt nämlich
du lässt dich noch
von dieser Welt berühren

Hör zu!

Falls du schon lange spürst
»Mein Körper macht das nicht mehr mit«
schenk ihm bitte dein Gehör
denn bald macht er es nicht mehr mit

Schlechtes Wetter

Man sagt ja:
»Es gibt kein schlechtes Wetter
es gibt nur schlechte Kleidung«

Wenn du in deinem Leben also
demnächst noch mal im Regen stehst
und Stürme aufziehen siehst
dann hoffe ich, dass du deiner Seele
eine Jacke der Zuversicht anlegst
und Schuhe aus Standhaftigkeit trägst
Und dass du dann
mit Blick nach vorne sehen kannst
dass der Sturm vorübergeht
und dabei vielleicht sogar noch
was dir im Weg steht
mit sich weht

Wenn dann

Wenn du grad seelisch müde bist
dann nimm dir eine Pause
Wenn du grad nicht pausieren kannst
nimm nur einen Moment
Wenn kein Moment dir möglich ist
dann ändere dein Leben
Denn jeder braucht die Möglichkeit
sich Zeit für sich zu nehmen

Ratschlag

Du sagst zu andern:
»Mach mal langsam«
und rennst dann durch deinen Tag

Du schenkst jedem
eine Pause
doch über dich denkst du nicht nach

Deine Kraftreserven reichen nicht
für diesen Kraftaufwand
Es liegt an mir, dich zu ermahnen:
Halt dich selbst an deinen Rat

Meine zwei Seiten

Manchmal will ich mein Leben
mit der ganzen Welt teilen
Manchmal will ich im Stillen
ganz allein für mich sein

Ich bin nicht ganz oder gar nicht
bin irgendwo mittendrin
Und wenn du mich grad nicht siehst
lasse ich mich grad nicht finden

Ist das der Fall? Dann sorg dich nicht
Mein Herz braucht einfach Zeit
seine Kräfte neu zu sammeln
Nur was es hat, kann es auch teilen

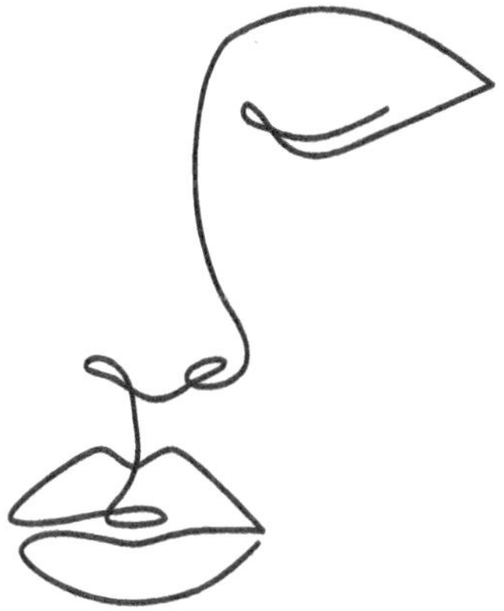

auch das!

auch was schön ist, kann mal zu viel sein
auch was neu ist, kann mal zu viel sein
auch was Geld bringt, kann mal zu viel sein
auch was dringend ist, kann mal zu viel sein
auch was Privileg ist, kann mal zu viel sein
auch was zugesagt ist, kann mal zu viel sein
auch was Dienst ist, kann mal zu viel sein
auch was Berufung ist, kann mal zu viel sein
auch was Freundschaft ist, kann mal zu viel sein
auch was einfach ist, kann mal zu viel sein
auch was selbstlos ist, kann mal zu viel sein
auch was immer so war, kann mal zu viel sein

auch nach tausend Mal »Ja«
darf es »Nein« sein
und auch mit meinem »Nein«
darf ich sein

auch nach tausend Mal »Ja«
darf es »Nein« sein
und auch mit meinem »Nein«
kann ich sein

Zu Ende

Nicht das Ende
das ich erhoffte
Doch es ist das
was ich nun hab'
Und darum
werde ich ruhig
Ich nehme an
und schließe ab

Aufgefangen

Wie die Nacht den Mond
umarmt mich Zuversicht
Tiefer als in deine Hand
fall ich in diesem Leben nicht

Du bist nicht spät dran!

Du bist nicht spät dran
denn es gibt keinen Stundenplan
Wer was anderes erzählt
hat sich da eindeutig vertan
Denn dieses Leben leben grad
Milliarden Menschen parallel
Und sie tun es einzigartig
niemand ist dabei gleich schnell

Die Reihenfolge der Kapitel
wird für uns immer variieren
Milliarden Menschen können nicht
im Gleichschritt durchmarschieren
Was ist schon früh?
Und was ist spät?
Verglichen mit wem?
Und warum sich quälen?

Das hier ist dein Leben
in dem du genau pünktlich bist
um die Schritte so zu gehen
wie es richtig für dich ist

Unperfekt

»Du bist wunderschön«, sag ich
und du sagst: »Ich bin unperfekt«
Und anstatt dass ich dir widerspreche
nicke ich und lächle
Denn genau das ist es doch
genau so sind wir Menschen

Wer hat je gesagt
dass unperfekt und wunderschön
einander widersprechen?

Vom Leben gezeichnet

Ich war vom Leben gezeichnet
doch wurd' von Gnade signiert
Niemals mehr wird mein Wert
durch meine Fehler definiert

Deine Welt – ein Himmel

Du bist besorgt, dass ein Gebrauchtwagen
schlechten Einfluss auf deinen Status hat
Andere Menschen würden töten
für das Leben, das du hast
Bitte vergiss nicht
dass deine Welt
für andere der Himmel ist

Du kannst dich nicht erinnern
an deinen letzten Arztbesuch
Unser Herzschlag selbstverständlich
doch aus »es schlägt« wird mal »es schlug«
Bitte vergiss es nicht
dass deine Welt
für andere der Himmel ist

Du hast seit Wochen kein Wort mehr
mit deinen Eltern gewechselt
weil du nicht weißt, welch ein Segen
es ist, dass sie nicht weg sind
Bitte vergiss nicht
dass deine Welt
für andere der Himmel ist

Sei nicht besorgt darüber
was du noch wirst und bekommst
Was du hast, ist schon so gut
Schätzt du's nicht wert
ist es umsonst
Und das wär' schade
denn du lebst das Leben
für das andere noch beten
es zu haben

Auf der Suche nach dem Glück

Spannend, oder?
Wir haben alle alles
und sind trotzdem unglücklich
Also holen wir noch mehr

Und jeder weiß
dass das nicht hilft
Doch keiner probiert's
umgekehrt

Das, was sich nicht bewährt
das legt der Mensch
eigentlich ab

Doch auf der Suche
nach dem Glück
da biegt er immer noch
falsch ab

Besinnungsmoment

Und auch wenn das jetzt
alles ist
~~dann ist es eine Menge~~
dann ist es mir genug

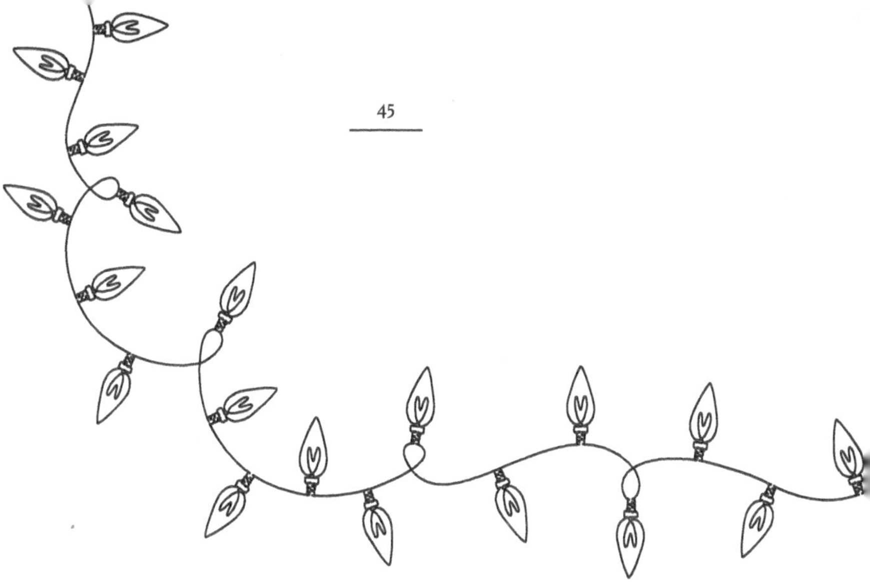

Lichterkettenliebe

Da sind sie wieder
meine funkelnden Freunde:
Kleine Lichterketten, die
der Nachbarn Gärten säumen

Schön, dass ihr wieder da seid
Ich hab' euch so vermisst
Ohne euch wär' diese Zeit
bloß dunkel, nass und trist

Doch dank der kleinen Lichter
tanke ich mit jedem Blick
ein bisschen mehr von dem Gefühl
dass die Welt in Ordnung ist

Atme nach

Wer ständig rennt
und Schweres hebt
wer beim Sport über
Grenzen geht
muss danach tief
und langsam atmen
weil seine Lunge
etwas gab
nach dessen Ausgleich
sie verlangt

So ist das auch im Leben

Wer ständig rennt
und Schweres hebt
kommt an 'nen Punkt
wo's nicht mehr geht
weil die Reserven
schlichtweg fehlen

Was ich sagen will, ist:
Die letzten Wochen waren nicht leicht
also schlaf und iss und tanz dich frei
während deine Seele heilt

Du atmest nach

Musik in der Luft

Da lag Musik in der Luft
und ich atmete ein
Die Melodie der Gegenwart
wird nun Klang
meines Herzens sein

Pausiere kurz beim Lesen

Pausiere kurz beim Lesen
Nimm dir ’ne Sekunde Zeit
um den Blick vom Blatt zu nehmen
und bei dir selbst zu verweilen

Pausiere kurz beim Lesen
Nimm ein paar Minuten wahr
was du hast und wo du bist
wie es ist und wie es war

Pausiere kurz beim Lesen
schaff in deinem Tag den Platz
um Dankbarkeit zu fühlen
für das Leben, das du hast

Pausiere kurz beim Lesen
In diesem Text geht es um dich
und darum, dir zu sagen:
Es ist schön, dass es dich gibt

Verflossen

Ihre Furcht vor dem Warten
floss mit dem Wissen dahin
dass seine Türen oft unerwartet
doch immer pünktlich offen sind

Tage wie Blumen

Tage sind wie Blumen
einfach einzigartig schön
Öffne deine Hände
während sie vorübergehen
Schließ mal kurz die Augen
Halt die Stängel, die du kriegst
Zuck nicht sofort zurück
wenn einer unter ihnen piekst
Dann, wenn der Monat rum ist
mach die Augen wieder auf
Nun hältst du in den Händen
einen farbenfrohen Strauß
Und ohne ein paar Rosen
würde der Sammlung etwas fehlen
Nimmst du die Tage dankbar an
wird Schönheit daraus entstehen

Wir schaukeln das

Blick auf mein Drahtseil aus Erwartung
Es ist viel zu fest gespannt
Mir wird jetzt klar, dass ich da oben
wohl nie drüberlaufen kann

Also schneid ich es entzwei und
schieb die Knoten leicht zusammen
Nehm die Seilenden als Halter
und häng 'ne Platte unten dran

Und in meiner Erwartungsschaukel
sitze ich nun sehr bequem
Hier muss ich nicht mehr balancieren
sondern warte und werd' sehen

Es ist schwer, den zu enttäuschen
der zufrieden ist, wie's ist
Es ist schwer, den aus der Bahn zu werfen
der gemütlich sitzt

Hast du auch genug vom Tanzen
auf dem viel zu hohen Seil?
Ich bau dir gerne auch 'ne Schaukel
und dann schaukeln wir zu zweit

Von dem Wind der Zeit getragen
geht es mal hoch und mal hinab
Sorg dich nicht und schwing die Beine
Du und ich, wir schaukeln das

Liebe im Alltag

Ich trage mich

Jeder trägt sein Päckchen
und ich trage mich tagtäglich
Von Selbstliebe und gnädig sein
versteh ich bei mir wenig

Ich stell mir selbst ein Bein beim Lauf
Raub meine eigenen Banken aus
Ich überlaste die Systeme und
gieß Öle auf die Flammen drauf

Jeder Mensch muss was ertragen
und so ertrage ich wohl mich
Die ich täglich mit mir lebe
aber leicht mach ich's mir nicht

Immer, immer wieder

Ich brauch für alles zwei Versuche
Ich lebe ja zum ersten Mal
Und ich muss immer neu verstehen:
Zu versagen ist normal

Ich brauche immer zwei Versuche
aber das ist gar nicht schlimm
Lieber Zeit beim Anlauf nehmen
anstatt gar nicht mehr zu springen

Ich brauche immer zwei Versuche
aber eins gelang von Anfang an:
Die Menschen, die ich lieb hab'
laufen mit mir, auch die zweite Bahn

Und inmitten meines Scheiterns
sind sie es, die mich erinnern:
Dass in all meinen Versuchen
ganz viel Gnade glitzernd schimmert

Denn da, wo ich mal Schwäche zeig
senke ich sogleich die Latte
für all die, die mir zusehen
und es auch nicht besser schaffen

Nomade

Nenn mich Nomade
Nenn mich »die vom Wind Getragene«
die, die auf festem Boden stand
und dann einfach runtersprang
die, die auch nach all den Jahren
noch immer keine Heimat fand

Nenn mich die Wandernde, fast Strandende
dann auf offener See Ankernde
Die mit dem Kopf in den Wolken
die sie mal einfangen sollten
Die mit dem Herzen voller Wellen
die an Gefühlsfelsen zerschellen

Nenn mich, wie du willst, du kannst
denn du hast ja recht, ich bin's
Die, die auf immer neuen Straßen
die Furcht vor einem Stillstand stillt
Die, die mit der Fremde tanzt
obwohl sie ein Zuhause will

Du hast ja recht
Ich bin's

Keine Ahnung, wo ich ankomme

Keine Ahnung, wo ich ankomme
aber was ich weiß, ist
dass ich mit jedem Schritt etwas sicherer
mit jedem Kilometer etwas vorfreudiger
und mit jeder Kurve etwas erfahrener werde

Mein Weg mag
keinem anderen gleichen
doch dass ich für ihn geschaffen bin
das werde ich beweisen

Stillstand

Es gibt Zeiten, da ist Stillstand
wohl der allergrößte Segen
Denn in all dem Chaos
schenkt er Zeit
dem Leben zu begegnen

Warte

Warte, voller Freude
Oh, mein Herz, hadere nicht
Was kommen soll, wird kommen
was geplant ist, findet dich

Warte, voll Erwartung
dass der Würfel glücklich fällt
Für dich ist schon geschaffen
was du noch nicht für möglich hältst

Warte, ohne Sorge
denn die Furcht ändert doch nichts
Sie versperrt dir nur den Blick auf
all das Schöne, was schon ist

Warte, ohne Angst vor dem
was ist, wenn da nichts kommt
Deine Identität bleibt gleich:
Geliebt und angenommen

Mein Kapitel

Dies ist gerade mein Kapitel
und weil das erst mal noch so bleibt
wähle ich statt Frust und Kummer
Ruhe, Geduld und Dankbarkeit

Fotografie

Schönheit, deine Liebessprache
und du sprichst sie fließend
Siehst all jene Perspektiven
die sonst ungesehen blieben

Dein Objektiv sammelt Momente
die niemand um dich rum bemerkt
Und erst durch deine ruhigen Hände
schätzen wir sie letztlich wert

Danke, für all die Sekunden
die du mir für immer schenkst
Danke, dass dank dir mein Leben
sichtbar an den Wänden hängt

Und so, wie du mich einfängst
sah ich mich zuvor noch nie
Ich glaub, ich sage viel zu selten
Danke dir, Fotografie

Anders

Sie sieht Schönheit
auf eine Weise, die
die wenigsten verstehen:
Sie nimmt sich Zeit
um stumm und staunend
Kleinigkeiten anzusehen
und schafft es so
die große Kunst
im kleinsten Wesen
wahrzunehmen

Fenstershow

Im Nachbarsfenster sehe ich
fast täglich einen Mann
der von seinem Alter tief gebeugt
nicht gerade laufen kann
Er sitzt an seinem Küchentisch
da sitzt er jeden Tag
Mal schält er was, mal schreibt er was
mal sitzt er einfach da
Er wirkt irgendwie liebenswert
gebrechlich und auch schwach
Ich frage mich im Stillen
ob ihn wer im Auge hat

Im Nachbarsfenster sehe ich
niemals einen Besuch
Der alte Herr geht kaum noch raus
läuft Treppen nicht mehr gut
Im Nachbarsfenster sehe ich
was Einsamkeit bewirkt
Wenn es klingelt, öffnet er
so hoffnungsvoll die Tür
Doch es ist immer nur die Post
und es ist immer nur für kurz
bis er dann wieder ganz allein
zu Hause sitzen muss

Im Nachbarsfenster sehe ich
in letzter Zeit kein Licht
Ich überlege nachzusehen
doch traue mich dann nicht
Im Nachbarsfenster seh ich heut'
zum ersten Mal zwei Gäste
Die Freude in mir keimt kurz auf
doch dann weicht sie Entsetzen
Denn aus der Nachbarstüre trägt man
eine Bahre raus
Sie hieven sie ins Auto und
es bleibt ein leeres Haus

Im Nachbarsfenster sehe ich
von jetzt an nur noch mich
Und muss an mir erkennen
was der Menschheit Mangel ist
Wir sehen die Leben anderer
doch nehmen nicht dran teil
Wir schauen sie wie 'ne Fernsehshow
zum Eingriff nicht bereit

Dass da ein Mensch Gemeinschaft braucht
das können wir erkennen
doch sie zu schenken, fällt erst ein
wenn wir es nicht mehr können

Geständnis

Ich bin so oft unausstehlich
um mich zu reizen, braucht es wenig
Nach außen bin ich trügerisch
gesammelt und meist fröhlich

Viel zu oft schreiben mir Menschen
sie wären gerne mehr wie ich
Doch ich glaub, sähen sie mich wirklich
wären sie das lieber nicht

Ich bin ein Mensch wie alle anderen
und alles andere als perfekt
Ich weiß nur mittlerweile gut
wie man's auf Instagram versteckt

Doppelleben

Ich führe ein Doppelleben
Ich führe ein Leben
das du gar nicht siehst
Ich habe ein Leben
das du gar nicht kennst
Und sosehr es auch wirkt
als hätt' ich alles im Griff
ist mir wichtig, dass du weißt
dass das nicht die Wahrheit trifft

Denn alles, was du von mir siehst
ist alles, was ich zeigen will
Und alles, was ich dabei weglasse
ist alles andere als schön

Mein Verhalten ist voll Fehler
Viele Nächte lieg ich wach
und denk drüber nach, was schiefläuft
und was ich alles grad nicht schaff

Die hundert offenen Nachrichten
die noch auf meine Antwort warten
Arbeitsdeadlines, Sportziele
Universitätsabgaben
Wenn du wüsstest, wie ich mich ernähre
wär' deine Hand vor deinen Mund geschlagen
Meine Freunde können bezeugen
ich bin die Königin im spät Absagen
weil ich überfordert bin
und weil das Leben mich oft müde macht
Trotzdem zeigen meine Storys
wo ich bin und wie ich fröhlich lach

Nicht weil ich was heucheln will
Es fordert schlicht zu große Kräfte
das, was grad auf meinem Herzen liegt
vor Tausenden auszusprechen
Doch wenn du fragst, wie ich das alles schaff
was du auf Social Media siehst
lass mich dir sagen: Ich schaff das nicht
und das werde ich auch nie
Ich kann das noch so oft betonen
doch mir ist wichtig, dass dein Herz es weiß:

Das, was du siehst, ist nicht mein ganzes Ich
Es ist ein winzig winzig winzig
kleiner Teil

Beziehungskrise

Du machst mich fix und fertig
Mal ehrlich:
Wir kennen uns jetzt sechs Jahre
vielleicht mehr
Am Anfang war es unbeschwert
doch die Zeit und dein Erfolg
haben dein Wesen umgekehrt
ins Negative
Hat dir schon mal jemand gesagt
wie anstrengend es ist
dass du dich ständig neu erfindest?
Du bist niemand, der was verspricht
oder sich an etwas bindet
Du brauchst dauerhafte Liebe
und ständige Bestätigung
Doch ich weiß nie, was ich heut' kriege
Love Bombing oder Ablehnung

Du nimmst sehr viel
und gibst sehr wenig
Und du findest das gerecht
weil du weißt, dass du letztendlich
stets am längeren Hebel sitzt

Ich schaff das nicht
und ich mach das nicht mehr mit
Trotz aller Mühe würdigst du
meine Kunst mit keinem Blick
Das ist okay
Ich brauch dich nicht
Du bist nur ein Algorithmus
Und ich hab' kurz vergessen:
Ich bin ja nicht für dich dort
sondern für die echten Menschen

Virale Videos und Likes
sind doch eigentlich nichts wert
Besser ist: Nur einer hört mich
doch wird aufrichtig berührt

Am falschen Ort

Und schon erwisch ich mich wieder
bei diesem sinnlosen Scrollen
Ich vergleich meine Zahlen
auch wenn ich es nicht soll

Ich frage mich: Ist meine Kunst gut?
Und: Bin ich wirklich genug?
Und: Hat man mich gern?
Kann mich irgendwer hören?

Ich hab's schon so oft verstanden
doch vergess es dann sofort:
Die Antworten auf diese Fragen
suche ich hier am falschen Ort

Logischer Prozess

Werf meinen Anker aus
Er fällt ins Nichts
haut ein Loch in mein Schiff
und jetzt sinke ich

Neujahrsvorsatz

Wenn du dein Leben ändern willst
brauchst du kein neues Jahr
Nur ein Herz, das sagt: »Ich will
und kann und werd' nicht länger warten«

Und egal welcher Tag es ist
(es muss nicht Montag sein)
kannst du verändern, was du willst
im Großen wie im Kleinen

Und ist der Tag schon mittendrin
dann warte nicht auf morgen
Denn jede Stunde hat das Zeug
für den Neuanfang zu sorgen

Das Aber und das Trotzdem

Ich war mein Leben lang ein »Aber«
Ich war der Zweifel, der Verstand
Stets auf der Suche nach dem Grund
dass was nicht funktionieren kann

Du warst dein Leben lang ein »Trotzdem«
mit deinem Kopf gegen die Wand
Und so nahmst du mein kleines »Aber«
fest entschlossen an die starke Hand

Das lehrte mich verstehen:
Kein Mensch steht allein für sich
Allein sind wir nur Worte
doch zusammen ein Gedicht

Bringt jeder Mensch ein Wort mit
schreiben wir schon bald Geschichten
darüber, dass die Welt sich ändert
wenn wir in ihr gemeinsam dichten

Krach

Alle paar Monate scheppert es
Wortgewaltig
springen wir entzwei
Dann greif ich zum Besen
und du zum Kehrblech
und wir sammeln uns zwei
wieder ein

Ich zweifle

Du sagst: »Ich bin verliebt in dich«
Doch es zu sagen
ist nicht das Gleiche
wie es zu meinen
und zu sein
ist nicht das Gleiche
wie zu bleiben
Und so zweifle ich
noch während ich erwider:

»Du bist es jetzt
doch bist du's morgen wieder?«

Wir drei

Dein Duft lag schläfrig
in der Luft neben mir
Ich war allein
und trotzdem wir drei:
Ich und
deine Gegenwart
und dein Verschwundensein

Tropfenmeer

Er tropft aus uns
der Ärger, der Frust
Wir stellen Eimer drunter
versuchen zu fangen
was man beenden muss

Du tropfst dein Leid
Ich tropfe Unverstand
Wir füllen unseren Eimer,
bis den Rohrbruch
nichts mehr halten kann

Wer nach Liebe sucht
deckt Vergehen zu
Lass uns nach
Liebe suchen

Wer Einsicht hat
spart seine Worte
anstatt sie
auszubluten

»Gib mir die Leiter«
bittest du
»Ich halt dich fest«
erwidere ich
Und dann reißen wir
die Decke auf
bis alles offen ist

Wir reparieren
unsere Schäden
mittels Vergebung
und Verstand

sprechen bedacht
und nutzen Liebe
weil man mit dieser
heilen kann

Unser Tropfenmeer im Eimer
lass es uns zum Fenster gießen
Lass uns bei den nächsten Tropfen
das Loch direkt am Anfang schließen

Aktion Reaktion

Diese Gefühle stecken in dir
aber du steckst da nicht drin
Was du fühlst und wie es wirkt
das ist sicher oft verwirrend

So sind wir Menschen: Fühlen viel
doch finden keine Wege
das, was da in uns drinnen wirkt
nach außen zu erklären

Du willst sie gerne kontrollieren
doch musst du akzeptieren:
Gefühle können wir nicht steuern
nur das, wie wir drauf reagieren

Traumtaucherin

Du stöhnst im Schlaf
als läge die Last der Welt
auf deinen Schultern
Und ich würde so gern
in deine Träume tauchen
um sie dir abzunehmen

Menschlich

Im Leben macht man Fehler
und das ist gar kein Problem
Wichtig ist, sie einzusehen
und dann dazu zu stehen

Im Leben macht man Fehler
drum verlier dich nicht in Scham
Reflektiere dich und lerne draus
Es gibt ein nächstes Mal

Im Leben macht man Fehler
doch du machst auch vieles gut
Also hör nicht auf zu leben
nur aus Angst, es falsch zu tun

Im Leben macht man Fehler
das gehört zum Weg dazu
Fehler sind halt menschlich
und menschlich bist halt du

Tauziehen

Lass das Tau los
Komm, das bringt doch nichts
Statt es luftig zu schwingen
ziehe ich rechts und du links

Doch ich will es nicht reißen
also schneid ich es entzwei
Ich gebe dir die Hälfte und
ziehe los mit meinem Teil

Und wann immer ich
was Schönes seh
binde ich es fest für dich
Meine Lieblingsmomente
und ein neues Gedicht

Heute Abend zum Essen
kommen wir wieder zusammen
Jeder mit Hunger
und einem eng geknüpften Band

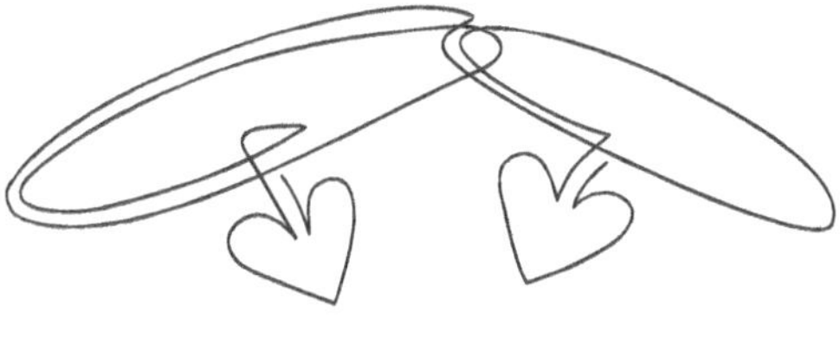

Du legst mir deins als Armband um
und erzählst von deinem Tag
Und ich weiß, bei jedem Knoten
hast du heut' an mich gedacht

Und ich schenk dir meins als Souvenir
Ja, die Fähigkeit, allein zu sein
schmückt unsere Gespräche und
bereichert unsere Zweisamkeit

Mit Ruhe und Liebe
und Verständnis dafür
dass sich Wege trennen dürfen
um dann enger zusammenzuführen

Was ist Liebe?

»Was ist Liebe?«, fragst du mich
»Ist das wie Sonne auf der Haut?«
Ich sag dir: «Nein, das ist Verliebtsein
wo's für Liebe noch was braucht
Liebe ist viel Emotion
aber auch eine Entscheidung
Zu sagen: ›Hey, egal was kommt
wir stehen das jetzt zu zweit durch‹
Liebe ist Herz über Kopf
doch braucht's den Kopf grad dann
wenn das unsichere Herz
auf einmal nichts mehr fühlen kann
Liebe ist zu sagen:
»Sorg dich nicht, ich bleibe hier
Wir finden einen Kompromiss
bei dem keiner verliert«
Liebe ist nie Einbahnstraße
aber immer Teamarbeit
Und wenn der andere dir das wert ist
macht es das doch irgendwie leicht

Glück pur

Fragt mich jemand irgendwann
nach einem sorglosen Moment
werde ich ihm, glaube ich
diesen jetzt und hier benennen
Wie wir noch eine Pizza
auf die Liege
gleich am Strand bestellen
Mein Herz ist ruhig
Mein Kopf scheint plötzlich
keine Sorgen mehr zu kennen
Du bist wundervoll
und du denkst echt
ich sei es auch
Und auch wenn das hier endet
gehen wir zu zweit nach Haus
Es ist zwar viel zu kitschig
um es jemals zu erwähnen
doch fragt man mich
nach purem Glück
werd' ich von jetzt erzählen

Reingefallen

Mein Herz war schon randvoll
dann fielst du hinein
und ich schwappte über

Bedingungslos geliebt

Ich schrie einen geliebten Menschen
mal übers Essen hinweg an
und anstatt der kalten Schulter
nahm sie mich fest in den Arm
Und so erfahr ich
dass ich bedingungslos geliebt bin

Ich lieh mir mal ein Auto aus
zwei Macken, eine Stund'
und anstatt mich anzubrüllen
fragte man nur: »Geht es dir gut?«
Und darum weiß ich
dass ich bedingungslos geliebt bin

Ich lebte lang von gutem Geld
das nicht mein eigenes war
und der Geber gäb sein letztes Hemd
Hauptsache, mir ist warm
Und es ist einfach verrückt
wie bedingungslos geliebt ich bin
Und ich hoff, ich geb zurück
womit ich so gesegnet bin

Erwachsenentische

Wir waren grad noch fünf
bauten Lebkuchenhäuser
an Kindertischen
Plötzlich sitzen wir hier
und ich frage mich:
Was soll ich dir
zur Hochzeit wünschen?
Und ich fühl mich ein bisschen
als wär' meine Kindheit
zu einem Ende gekommen

Wie schnell die Zeit vergeht
merkt man meistens zu spät
Doch in diesem Moment
kann ich's ganz deutlich sehen

Und so wünsch ich dir Jahre
von Liebe geprägt
von Teamarbeit und
von Einanderverstehen
Und ich wünsche mir
dir dabei zuzusehen
wie du glücklich wirst
und glücklich bist
und glücklich bleibst
Und ich wünsche uns
an Kinder- und Erwachsenentischen
immer Teil von des anderen
Leben zu bleiben

In der neuen Wohnung

Diese Räume sind
groß und hell und neu
und wir beginnen unser Leben
in sie einzuräumen
Mit Neonmikrowellenzahlen
die nachts den Weg zum Kühlschrank leuchten
Mit Teppichfalten und Regalen
Mit Kakaogeruch und Pappkartons
die langsam leer zusammenkommen
Mit Wäsche, die zu waschen ist
und Wäsche, die gewaschen ist
Mit Krümeln, die am Boden liegen
und Kerzen, die nach Heimat riechen
Diese Räume sind so neu
und sie gefallen mir
denn zum ersten Mal im Leben
teil ich sie fest mit dir

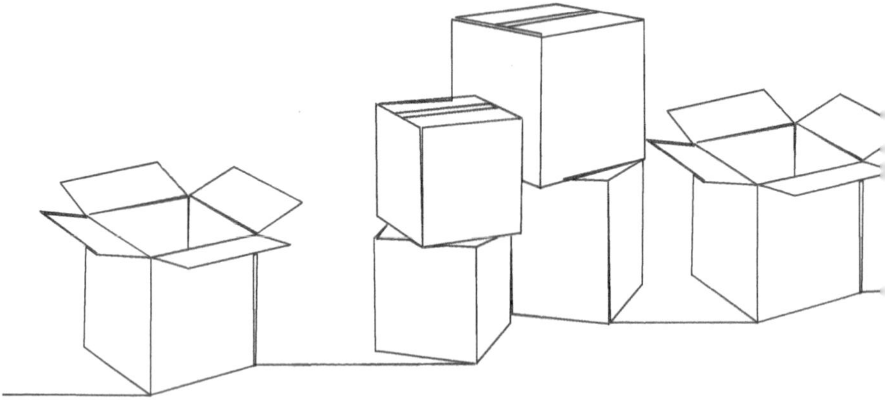

Eine kleine Lehre

Als der Raum menschenleer war
nur noch ich auf der Couch
griff ich nach der Kerze
und blies ihre Flamme aus

Ihr Licht war mir zu wertvoll
um allein für mich zu brennen
Erst im Nachhinein verstand ich
welche Botschaft mir das sendet:

Obwohl mich Kerzen glücklich machen
gönne ich mir nicht
dass sie ihr Lebenslicht verschwenden
und das »allein für mich«

Doch jetzt lass ich die Kerzen leuchten
wenn ich allein im Zimmer sitz
Denn ich bin so viel mehr wert
als ein Raum voll Neonlicht

Taten sprechen laut!

Wenn zum »Ich liebe dich«-Sagen
dein Atem nicht reicht
sag es durch Taten
und Aufmerksamkeit

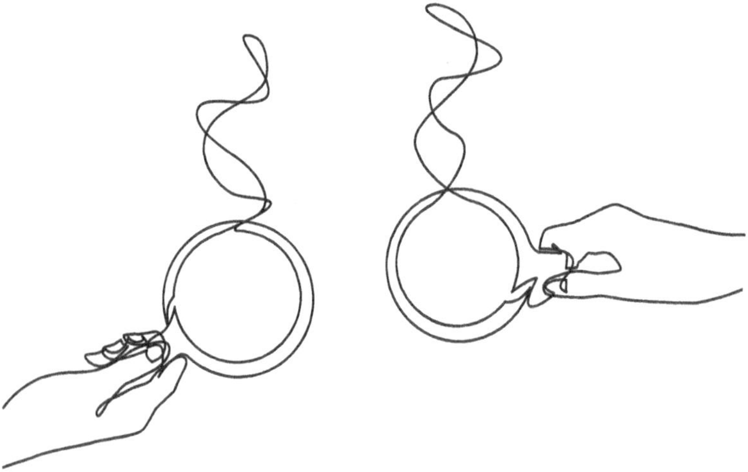

Das größte Geschenk

Meine Liebessprache sind Geschenke
Doch das größte mir Geschenkte
sind die Menschen, die sie schenken
ohne je daran zu denken
etwas dafür zu fordern

Eure Liebe ohne Grenzen
ist mir mehr als alles sonst
und mit euch an meiner Seite
habe ich schon längst gewonnen

Für meine Eltern

Ich liebe euch unendlich
und ich hoffe, dass ihr wisst
dass euer Sein
in meinem Leben
für immer
unersetzlich ist

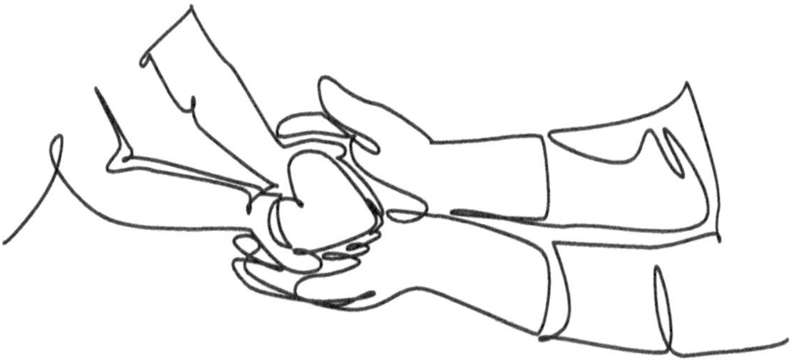

Gleicher Blick, neue Perspektive

Aus diesem Fenster schauend
habe ich mich oft verloren gefühlt
War wie ein Staubkorn im Wind
wurde von Böen hin und her gespielt
Doch heut' fühl ich Bestimmung
weiß, wer ich bin, wohin ich geh
Und an diesem kleinen Umstand
kann ich mich selber wachsen sehen

Hingabe

Man schenkte mir ein ganzes Herz
und das mit einem Sinn
Ein halbherziges Leben ist nicht
wozu ich geschaffen bin

Ich liebe tief
Ich freue stark
Ich halte fest
Ich spüre nach
Ich gebe hin
Ich lasse rein
Ich sorge für
Ich fühle ein

Ich hab' zwar nur das eine Herz
doch dieses nutz ich ganz
um vollherzig zu lieben
bis ich nicht mehr lieben kann

Honigmädchen

Meine Kehle sammelt Honig
Jedes Gespräch Gelegenheit
dass ich mit ein paar goldenen Worten
süßen Geschmack in Leben teil

Reicht mir jemand seine Tasse
voller dunkler Bitterkeit
öffne ich mich mit Bedacht und
rühre sanften Honig ein

Woher er kommt? Hab' keine Ahnung
Doch die hat auch die Biene nicht
Ich trage Honig in der Kehle
und mit diesem diene ich

Da liegt so viel Kraft in Worten
die der Seele heilsam sind
Ich bete, dass ich heut' für andere
ein Honigmädchen bin

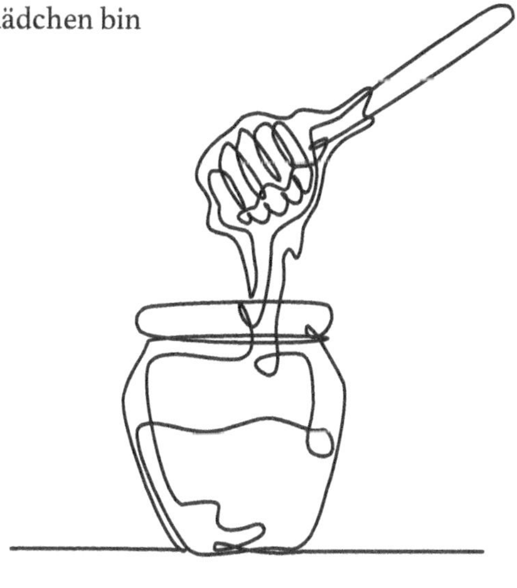

Wirklich

Hätt' nicht gedacht
dass ich's mal sage
doch es stimmt jetzt innerlich:

Jeden Tag
an dem ich lebe
bin ich wirklich gerne ich

Trotzdem

Ich hab' ein schönes Zuhause
einen Mann, der mich liebt
einen Job, der mich ausfüllt
kenn weder Hunger noch Krieg

Trotzdem ist da eine Lücke
ich krieg sie nicht gefüllt
Als würde noch etwas fehlen
als wär' da noch etwas zu stillen

Ist es vielleicht mein Innerstes
was immer noch getrieben ist
weil der Zeitgeist ihm verwehrt
mal zu verharren, wo es ist?

Ist es vielleicht Bewusstsein drüber
dass diese Welt am Abgrund steht
und es egoistisch wär'
bloß tatenlos dabeizustehen?

Ist es vielleicht der Umstand, dass
ich Teil von etwas Größerem bin
und als Individuum ergebe ich
halt nie vollkommen Sinn?

Oder fehlt mir schlicht und einfach
ein Herz voller Zufriedenheit
und meine Unruhe und Sorgen
fressen Löcher in mich rein?

Ich besitze so viel
doch vor allem das Wissen:
Es wird wohl immer so sein
dass ich noch etwas vermisse

Mut in der Angst

Schreibblockade

Guck nicht so fordernd
und klagend und hungrig hierher
Guck nicht so gähnend
verzweifelt, so fordernd nach mehr
Guck nicht so höhnisch
gewöhnlich verwöhn ich dich eh viel zu sehr
Aber heute bleibst du leer

Obwohl ich so viel fühle
ergeben Worte keinen Sinn
Und ich fische im Trüben
nach Anfang und Ende
Wo will ich bloß hin?
Steh mit ringenden Händen
in der Hoffnung, sie fänden
einen greifbaren Gedanken
einen Satz, um anzufangen

Guck nicht so müde
Es ist mir, als grüben dir
Sorgen und Sehnsüchte tiefe Falten
in deine glatt gestrichenen Seiten
Doch ich hab' es so satt
denn seit Monaten sitzen du und ich
an diesem Tisch
Stummes Starren, sture Blicke
Und es macht mich verrückt
denn es hat alles nichts genützt

Du bist immer noch ein leeres Blatt
das so viel Potenzial hat
aber einfach nichts draus macht

Und das liegt irgendwo an mir
Ich weiß, ich hab' dich oft versetzt
dir Gespräche versprochen
und dann Versprechen gebrochen
dir Vertrauen geschenkt
und es dann im Altpapier versenkt
Aus Angst davor
was jemand anderes denkt

Ich war nicht immer nett zu dir
Hab' dich so oft beschmiert
in der Hoffnung, dass mir
neue Reime entschwirren
Aber nichts da
wir sind immer noch da
wo wir schon letzten Monat waren:

Keinen Austausch gehabt
keinen Körperkontakt
Ich sitze hier wartend
und du liegst so nackt, wie du bist
auf dem Tisch
Immer noch ein weißes Blatt
das so viel Potenzial hat

Du fühlst dich so leer
und mein Stift liegt mir schwer in der Hand
Hab' ich denn nichts zu sagen?
Bin ich bereit, neue Wege zu wagen
um Blockaden eloquent zu umfahren?
Vielleicht lob ich heute einfach mal
den Tag schon vor dem Abend
Geb einer andren Sprache mal 'nen Try
mache Comedy statt Tiefsinn

Ja, der guten Dinge sind drei
doch ich lass heute einfach mal
fünfe grade sein
Stell sie auf wie Bierdosen
und werf mit Worten auf sie ein

Was lange währt, wird endlich gut
oder wehrt sich immer weiter
Aber ich will endlich schreiben
ohne Angst davor zu scheitern
Also nehm ich, was ich kenne
bloß ein weißes leeres Blatt
und schreibe einfach so drauflos
Träum so groß
dass das Aussprechen Angst macht
denn nur die wenigsten haben
eine vergleichbare Vorstellungskraft

Ich schreib, um Schranken zu heben
Ich schreib, um Hürden zu nehmen
Ich schreib, um Mauern zu stürzen
Ich schreib, um Winde zu drehen
Schreib, um den Blick freizugeben
auf die Dinge, die im Leben
letztendlich wirklich zählen
Schreib, um Ketten zu erweitern
um Horizonte zu sprengen
Tanz über den Tellerrand 'nen Walzer
Heute Abend geh ich weiter

Mir sind Denkmuster zu dumm
Schluss mit formhalber Höflichkeit
und stilistischer Schlüssigkeit
Rhetorischer Schönheit
und grammatikalischer Einwandfreiheit
Damit kam ich nicht weit

Ab jetzt radikal anders
der Routine keinen Platz
Mein Stift als Vorschlaghammer
im Gedankenpalast
Ich reiß ihn ein, lass ihn sterben
Manchmal bringt das Glück uns Scherben
doch manchmal bringen Scherben Glück
Ich war immer drauf und dran
doch wär' so gern mal hin und weg
Ich war viel zu lang im Reinen
mit meinem unverblümten Dreck
Ich will's anders machen
neu

Worte drehen und wenden
Gedankenblüten verschenken
Und wer nicht will, der hat schon
doch wer schon hat, will immer mehr
Eine Hand wäscht die andere
doch in Afrika bleiben die Brunnen leer
Ich will das so nicht mehr

Ich will durch Worte verändern
so wie die Dichter und Denker
Nenn mich Träumer
doch ich glaub noch immer
ein Stift und etwas Tinte
sind mächtiger als
jede Flinte
jedes Sturmgewehr

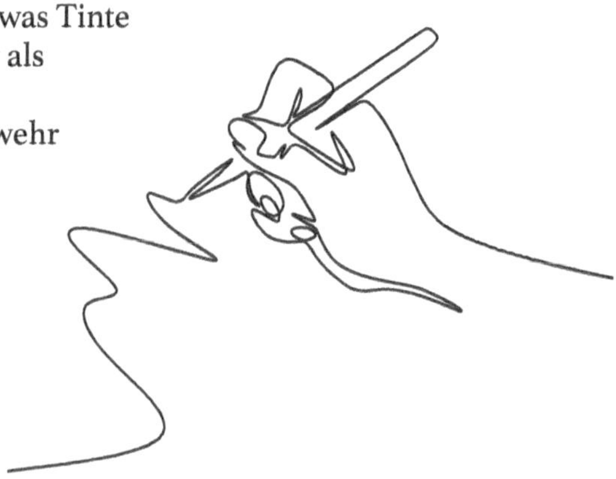

Also guck nicht so konfus
so maßlos irritiert
Deine Einfältigkeit
hat meinen Schreibfluss
viel zu lange schon blockiert
Schreibblockade pariert
Ab hier wird einfach ausprobiert

Denn wir wissen doch beide:
In dir schlummern tiefste Weiten
Geschichten aus uns noch
unbekannten Zeiten
Auf dich schreibe ich Schlaflieder
und Kampfansagen
Visionen, Reflexionen
Dramen und Romane
Einladungen und Absagen
Antworten und Fragen
Und ich spür mein Herz
vor Vorfreude schlagen:
Ich habe noch
so viel mehr zu sagen

Aller Anfang ist leer
Doch was lange währt, wird endlich bunt
und ich bin echt gespannt zu sehen
wo es noch hingeht mit uns
mit mir und mit dir:
Einem weißen Blatt Papier

Zu Ende träumen

Das Realwerden eines Traums
bedeutet auch, dass man
zu Ende geträumt hat
Und selten hat mir etwas
eine größere Angst gemacht

Wenn jeder Traum sich mal erfüllt
liege ich dann für immer wach?
Und was definiert den Träumer
wenn er keinen Traum mehr hat?

Nächtlicher Besuch

Zu vielen kommt die Nacht
allabendlich
wie ein geliebter Gast
Sie hüllt sie in Wärme
umarmt voller Ruh
Zeigt ihnen die Sterne
hört ihnen gut zu

Sie sind keine Sorgendenker
und so wird ihnen die Nacht
zum Friedenschenker

Zu mir kommt die Nacht
allabendlich
als drohende Gebärde
Sie schlägt an meine Türe
sticht mit Erinnerungen zu
Wählt Worte der Verhöhnung
bricht gedankliche Tabus

Ich bin ein Sorgendenker
und so ist mir die Nacht
der Endgegner

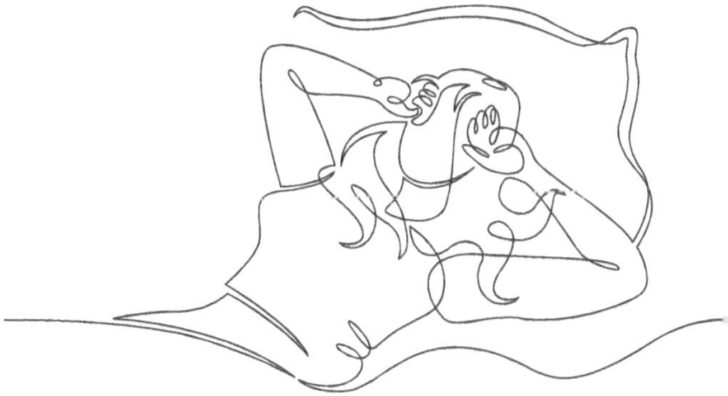

Sorgenmücken

Setzt sich eine Mücke
sanft auf meine Haut
braucht's keine Sekunde
bis ich sie zerhau
Ich zögere nicht
ich schlag einfach drauf
Noch ehe sie sticht
geht sie dabei drauf

Setzt sich eine Sorge
sanft in meinen Kopf
Dann lass ich sie sitzen
und nähre sie noch
Ich glaub ganz im Ernst
ich hätt' ein besseres Leben
würd' ich die Sorge zerhauen
und ließ die Mücke gewähren

Gefangen

Wenn ich aussteigen könnte, würde ich
doch das ist alles in meiner Gedankenbahn
Meine Sorgen rennen Kreise
die ich nicht kontrollieren kann
Da ist so viel »Was wär' gewesen«
Da ist so viel »Was, wenn was kommt«
Und während ich so renne
wird mir der Rest der Nacht genommen

Albträume

Wenn ich es runterbreche
ist es meine größte Angst
in Situationen zu geraten
in denen ich Angst empfinden kann

Lasse ich mich dadurch
meinen eigenen Albtraum leben?

Gestrandet

Ihre größte Angst als Kind war es
allein im All zu stranden
Und erst als sie dann älter wurde
hat sie langsam verstanden
dass sie weder ein Raumschiff hat
noch je eins haben wird
Warum sich also sorgen um das
was niemals wirklich wird?

Doch sorgt sie sich noch heute
über das, was nicht mal sichtbar ist
Ihre Gedanken fliegen losgelöst
zu allem, was so möglich ist
Man kann beinahe sagen
sie ist im Kosmos ihrer selbst
gestrandet, in den Fängen
ihrer Angst-Gedankenwelt

Atme

Atme: aus – ein
und rückbesinne dich:

Was dich heut' zur Panik treibt
ist morgen schon Vergangenheit
Und wie jedes Mal wird alle
Angst umsonst gewesen sein
Also lass sie doch schon jetzt
einfach von dir abfallen

Werde ruhig
Atme: aus – ein
All das, was dich stresst
ist nicht so schwierig
wie es scheint

Öffne dich

Nach außen wirkst du stark
trägst deine Last für dich allein
Doch du wirst irgendwann zerbrechen
fängst du nicht an, dich mitzuteilen

Check immer mal deine Dosierung
Durchbrich mal deinen Grübelkreis
Gewähr geliebten Menschen Einblick
Denk auch mal laut und nicht nur leis

Ich werde dich zu gar nichts zwingen
doch ich bin hier, falls du mich brauchst
Wichtig ist: Verlier dich nicht
und schalt dein Köpfchen auch mal aus

Angst zu Mut

Vielleicht
ganz vielleicht
wird das alles
ja gut

Vielleicht
ganz vielleicht
wird die Angst
morgen Mut

Und vielleicht
nur vielleicht
ist der erste
Schritt der

deiner Angst
zu begegnen
statt ihr den Rücken
zuzukehren

Prüfe, wo du bist

Wenn eine Blume nicht blüht
wem gibst du die Schuld?
Prüfst du den Samen
sprichst ihm zu mit Geduld?
Oder siehst du seine Umwelt
und setzt daran an
zu prüfen, was an dieser
deine Blume hindern kann?

Ist es das Licht, wie es fällt
vielleicht die Erde, die sie hält
vielleicht die Luft, an der sie steht
vielleicht das Wasser, das ihr fehlt?

Wenn sich ein Mensch nicht entfaltet
sucht man den Grund in seinem Sein
Dabei ist er des Wachsens fähig
doch sein Umfeld hält ihn klein
Darum prüfe, wo du bist
und welche Änderung es braucht
damit dein Biotop nicht länger
dein Potenzial zum Blühen raubt

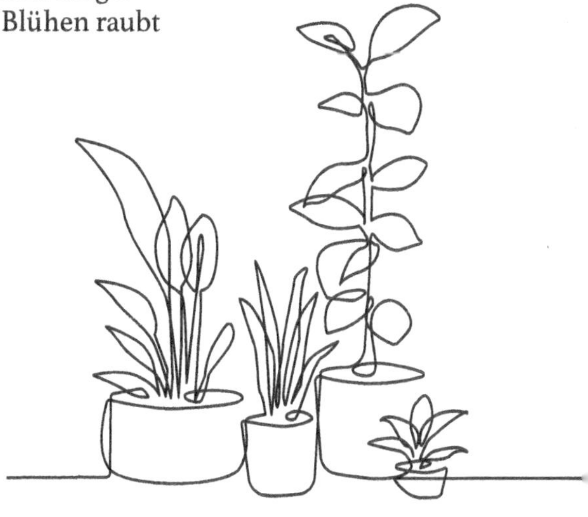

Freiheit

Seine Hand hat keine Macht mehr
über dich
Seine Worte keine Kraft mehr
über dich

Er entbrannte gegen den Menschen
der ihn lieben wollte
Und du erkanntest, dass du gehen musst
wenn du leben wolltest

Deine Hände zittern zwar
doch nicht vor Schwäche
Denn du weißt jetzt, sie sind stark
und du kannst lächeln

Für das, was du mich so lehrtest
bin ich sehr dankbar:
Stärke zeigt sich nicht in Schlägen
Stärke zeigt sich im Charakter

Und mit diesem ziehst du los
und lässt ihn hinter dir zurück
Ab jetzt ist niemand mehr als du
die Schmiedin deines Glücks

Mutiger Schritt

Manchmal ist der nächste Schritt
auch ein Schritt zurück
Und wenn du mich fragst
ist das der mutigste

Durchgedacht

Natürlich kannst du jetzt ewig hadern
ob alles anders wäre
hättest du's nur ganz durchgedacht
bevor du die Entscheidung trafst

Doch genau so funktioniert das Leben:

Das, was man erst durchfühlen muss
versteht man immer erst danach
Du lernst und bald siehst du dir zu
wie du es besser machst

Ruhestunden

Du hast noch genügend Zeit
auch wenn dein Herz dich drängt
Wisse, durch ein wenig Ruhe
ist viel gewonnen, nichts verschenkt

Deine Epoche

Du bist vielleicht nicht klassisch schön
aber andersartig wunderbar
Deine Epoche steht uns noch bevor
während jede andere schon war
Man wird noch Kunst nach dir benennen
Denkmale tragen deinen Namen
Ja, ich glaub, von deinem Nachbeben
wird diese Welt Jahrzehnte haben

Stilles Schweigen

Seit ich dich kenne, weiß ich:

Echter Mut ist manchmal leise
Echte Stärke, die beweist sich
darin, in einer lauten Zeit
nicht lauter, sondern still zu sein

Inmitten all des Lärms stehst du
mit einer Ausstrahlung der Ruhe
Und deine Stille scheint zu rufen:
»Ich bin präsent, ich hör dir zu«

Und das ist eine Einzigart
die diese Welt zu selten hat
Ich hoff, dass du erkennen kannst
dass deine Stille Einfluss hat

Punktuell

Du bist nur punktuell gescheitert
nicht auf ganzer Linie
Setz den Punkt und setz ihn weiter
Punkt Punkt Punkt
und dann versuch es wieder

Im großen Ganzen

versucht
gescheitert

versucht
ein bisschen weiter

versucht
zurückgefallen

versucht
geklappt

und plötzlich hat
jeder Versuch
im großen Ganzen
Wert gehabt

Wachstumsschmerzen

Weißt du
sie heißen nicht umsonst
Wachstumsschmerzen
Wachsen tut manchmal weh
das betrifft unsere Körper
aber auch unsere Herzen

Für Anna

Ich winke dir zum Abschied
und dann lasse ich dich gehen
Du nimmst ein Stückchen meiner selbst
mit dir auf neue Wege

Keiner kennt mich so wie du
was mein war, war auch dein
Und all diese Erinnerung
wird immer unser sein

Du bist noch gar nicht richtig weg
und schon vermiss ich dich
Wie soll das werden, wenn
der erste Monat rüber ist?

Ich wünsch dir alles Gute
für die Schritte, die du gehst
Und auch wenn ich nicht da bin
werd' ich doch hinter dir stehen

Ich glaube, dieses Schwesternband
ist stärker, als ich dachte
Ich werd' nie aufhören, dich zu lieben
und auf dich zu achten

Bis ich dich wieder hier hab'
halte ich dich im Gebet
Ich will nur, dass du weißt
dass du mir jetzt schon wirklich fehlst

Appreciation Shower

Ich will dir nur kurz sagen:
Du bist toll, so wie du bist
Ich weiß, du wärst gern anders
Gott sei Dank bist du es nicht
Denn in deinem Wesen wurden
Humor und Liebe gut gemischt
Man gab 'ne große Prise Schönheit
und sparte auch an Weisheit nicht

Und dann schenkte man dich
anderen Menschen in ihr Leben
Ja, ohne dich auf dieser Erde
würde mir wirklich etwas fehlen

Deine Zeit wird kommen

Ich weiß
alles um dich endet grad
und du hoffst auf einen Neuanfang
Doch
auf Winter folgt nie gleich der Sommer
und es braucht immer etwas Zeit
bis sich der Mensch auf Neues einstellt
und sich darin Schönheit zeigt

Also gönn dir Herbst und Frühling
Lass den Boden etwas ruhen
Lass dich neue Knospen bilden
Deine Zeit kommt früh genug

Glaubenszimmer

Willkommen hier im Glaubenszimmer
Hier steht so vieles schon so lang
und je öfter ich hineinblick
fühlt sich was nicht richtig an

Der Staub liegt beinah meterhoch
ein Schrank verbaut das Fenster
Und statt ein Raum des Lichts zu sein
wirkt alles hier so finster

Heute wage ich den Schritt hinein
betrachte aus der Nähe
was ich so angesammelt hab'
an Meinung, Prägung, Lehre

Bist du noch hier? Ich weiß es nicht
Menschgemacht ist, was ich sehe
Mein Glaube ist ein Möbelstück
doch fehlt es ihm an Seele

Gehört das alles wirklich so?
Darf ich das hinterfragen?
Summt mein Kopf im Stillen
während ich beginn zu packen

Die Lehrmeinungsregale
räum ich noch behutsam ab
Doch je mehr Kisten ich trage
gebe ich meinem Herzschlag nach

Werfe das Phrasenbett mit Wucht
Es landet draußen auf dem Teer
Ich bin verblüfft, wie leicht es ist
Es ist wahrhaft bedeutungsleer

Der Schrank, der vor dem Fenster stand
macht endlich Platz für Licht
Und wenn dann alles draußen ist
bleibt nur die Couch – und ich

Und vielleicht du? Vielleicht ganz neu?
Um mich herum unendlich Platz
für all die vielen Fragen
die ich heute an dich hab'

Die Füße auf dem Wertetisch
die Sonne im Gesicht
sitz ich nun hier, versuche neu
zu greifen, wer du bist

Ich weiß, du bist, weiß nur nicht, wie
doch eines weiß ich sicher:
Ich find dich nicht im Staub
oder in den Boxen dieses Zimmers

Meine Fragen liegen offen
Ich lad dich ein, mir zu erklären
was es im Heute wirklich heißt
mit dir, o Gott, zu leben

Meine Fragen liegen offen
und ich weiß, du hältst ihnen stand
Ich will verstehen, wer du wirklich bist
mit Herz und Seele und Verstand

Halleluja

Und manchmal fühlt es sich so an
als fiele alles aus seiner gewollten Bahn
Das Glashaus zerbricht
deine Träume wie nichts
und alles, was bleibt, wenn du am Boden liegst, ist
ein Halleluja

Halleluja, auch das hier wird wieder vergehen
Halleluja, aus Scherben werden Mosaike entstehen
Halleluja, gib dir etwas Zeit
Und bald schon fällt durch buntes Glas
eine Lichtflut in dein Leben rein

Menschenfurcht

Mein Herz hat so unendlich Angst
dass du es nicht verstehen kannst
Du stellst dich trotz all meiner Liebe
konstant von mir abgewandt
Und mein Herz denkt dann immer gleich
es hätt' was falsch gemacht
und übersieht dabei vielleicht
dass so was andere Gründe hat

Denn manche Herzen kann mein Herz
schlicht nicht für sich gewinnen
Das Problem liegt statt in meinem Sein
in ihren Seelen drinnen
Und was man für sie tun kann
ist, die Liebe zu bewahren
denn ihren Herzen ist bestimmt
schon Schlimmes widerfahren

Freundlichkeit

Bewahr dir deine Freundlichkeit
auch wenn dein Herz grad bricht
Auch wenn du es vielleicht nicht glaubst
deine Worte haben Gewicht
Und setzt du sie zum Guten ein
kannst du der Grund sein
dass andere Herzen
statt auch zu brechen
heilen

Vergebung

Ich weiß, es ist nicht einfach
einem anderen zu verzeih'n
Aber ist der Schmerz es wert
ein unglücklicherer Mensch zu sein?

Nachtragender Groll ist wie ein Gift
das du selber trinkst und hoffst
dass dessen Wirkung andere trifft
Das sagt das Wort ja schon an sich:
Nachtragen lässt dich eine Last tragen
die gar nicht Dein zu tragen ist

Darum würd' ich dir so wünschen
dass du Vergebung finden kannst
Denn wo du einen anderen freisprichst
fällt von dir selbst die größte Last

Der kleine Zweifel

In meinem Kopf
wohnt ein kleiner Zweifel
Er zog vor ein paar Jahren ein
und er flüstert immer wieder:
»Ich bin zu dick
zu dumm
zu klein«

Der kleine Zweifel
hat sonst niemanden
Irgendwie hat er nur mich
Und ständig wirft er mit dem Satz
»Ich reiche nicht«
um sich

Letztens nahm ich mir mal Zeit
um einen Tee mit ihm zu teilen
und dabei wurde mir bewusst
dass er mich damit nicht meint
Er redet von sich selbst:
Der kleine Zweifel ist allein

Er wurde als Zweifel geboren
hat nie was anderes gelernt
Fühlt sich seitdem so verloren
niemand hatte ihn je gern
Keiner sprach ihm jemals Wert zu
jeder ging ihm aus dem Weg
Dabei würd' der Zweifel so gern lernen
wie man unbeschwerter lebt

Ich sagte ihm:
»Hey, kleiner Zweifel
Ich finde dich gar nicht so klein
Du hast genau die richtige Größe
um mehr als Sorgen zu verbreiten
Du bist weder dumm noch dick
sähst du dich wie ich, würd' es dir zeigen
dass du genug bist, du kannst jedem Zweifel
auf der Welt das Wasser reichen
Ja, es würde mich nicht wundern
würdest du noch mehr erreichen«

Und von diesen kurzen Sätzen
war der Zweifel ganz gerührt
Ich glaube echt, der kleine Zweifel
wurd' einfach lange nicht berührt
Also nahm ich ihn in den Arm
und erinnerte ihn dran
dass auch ein kleiner Zweifel
was er will, noch werden kann

Seit diesem kleinen Plausch mit Tee
hat sich beim Zweifel was gedreht
Er hat erkannt, dass er noch mehr kann
und lernt nun Kreativität

Ich bat ein paar gute Gedanken
ab und zu nach ihm zu sehen
Und sie haben mir versprochen
ihm mal Nachhilfe zu geben

Ab und zu macht er 'ne Pause
dann frag ich ihn, wie es ihm geht
Er sagt: »Was Neues zu erschaffen
macht mir viel mehr Spaß
als zu begrübeln, was besteht«
Er ist jetzt wie ein alter Freund
immer gut für einen Witz
Überrascht mich mal als Tagtraum
oder als Gedankenblitz
Nur noch zweifeln tut er wenig
denn er hat endlich verstanden:
Ein kleiner Zweifel zu werden
wählen nur einsame Gedanken

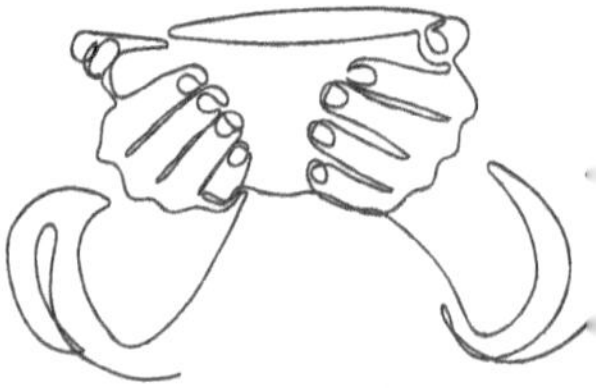

Und seine Einsamkeit
ist ihm abhandenkommen
denn ich hab' mir etwas Zeit
für einen Tee mit ihm genommen

Und die Moral von der Geschicht':
Halt deine Zweifel gut im Blick
Lass sie nicht alleine wachsen
sondern nimm dich ihrer an
weil oftmals schon ein nettes Wort
den Zweifler retten kann

Instagram Story

»Ist das nicht unwichtig –
wer ich bin
was ich tu
wie ich fühl?«
fragst du dich
Löschst deine Story
auf einem Instagram-Profil
das nach dir benannt
dein eigenes ist
Auf dem jeder, der dir folgt
frei zu gehen
frei zu bleiben ist
Und obwohl du darum weißt
traust du dich nicht
dort zu sein, wie du bist
denn du hast Angst
dass dein ehrlichstes Selbst
auf die größte Ablehnung trifft

Wie schade um deine Eigenart
um das, was dich besonders macht
um Ehrlichkeit und schlechte Witze
über die nicht alle
aber doch mindestens einer lacht
oder gelacht hätte
hättest du sie nicht wieder rausgenommen
weil nach grad mal zehn Minuten
noch keine Antworten kommen

Ein Tool, das verlangt
eine Story zu teilen
lässt uns fühlen, als hätten wir
keine Storys zu teilen

Keine Lebensgeschichte
darf über 'ne Minute lang sein
Mach die Pointe gut greifbar
und den Weg dahin klein

Und mit jedem Slide interessiert es weniger
und mit jeder Minute fühlt es sich ewiger an
und mit jedem Mal Anschauen schwindet dahin
das Gefühl, dass ich noch was Besonderes bin
Am Anfang schauten noch fünftausend
jetzt nur noch fünfhundert hin
und dadurch fühle ich mich oft
ungehört und ohne Sinn

Also lösch ich meine Story
auf einem Instagram-Profil
das nach mir benannt
mein eigenes ist
Auf dem jeder, der mir folgt
doch frei zu gehen
frei zu bleiben ist
Sag mir, warum bin es dann ich
die sich abwendet und geht
von sich selbst und dem
wofür sie eigentlich steht?

Das Bewusstsein
dass andere Menschen zusehen
lässt uns handeln, als würde es
nur um sie gehen
Aber das tut es nicht
Nicht wenn du den Anspruch hast
was zu machen
was auf dieser Plattform
ein bisschen Charakter
ein bisschen Eigenart hat

Also lass die Story oben
wenn sie ausdrückt, was du fühlst
Auch wenn die Views mal fallen
vielleicht wird einer ja berührt
Und wer nicht will, kann einfach gehen
Trauere nicht um sinkende Zahlen
wenn sie bedeuten, dass du freier wirst
dein echtes Selbst zu wahren

Dein Profil trägt deinen Namen
Ich möchte sehen, wer DU bist
Jede andere Story gibt's schon
aber ich bin hier für dich
Teil mit mir deine Geschichte
zeig mir echte Emotionen
Mach es so, wie du dich wohlfühlst
Hey, du musst niemanden schonen

Und ich hoffe, dass wir lernen
damit mein ich dich und mich
weniger auf den zu geben
der daraufhin Entfolgen klickt
Denn seien wir mal ehrlich
eigentlich ist's ein Gewinn
eine Plattform zu betreten
sei sie auch kleiner
auf der wir einander mögen
für die, die wir wirklich sind

Für unverletzte Seelen

Ich hoffe, du entfolgst ihr
bevor du sie beschimpfst
dafür, dass sie nicht so ist
wie du es dir grad wünschst

Ich hoffe, du entfolgst ihr
wenn Vergleiche dich zerreißen
Lass niemanden dein Grund sein
dir selbst nicht mehr zu reichen

Ich hoffe, du entfolgst ihr
wenn der Inhalt nicht mehr passt
Lieber, du wendest dich ab
als dass du jemanden hasst

Ich hoffe, du entfolgst ihr
bevor du sie belehrst
obwohl du nicht weißt, wer sie ist
denn solcher Rat ist leer

Ich hoffe, dass du bleibst
wenn dich jemand echt bereichert
Und erweitert es den Horizont
ja, dann folge gern weiter

Doch wenn es Zeit zu gehen ist
dann halte dich nicht auf
Für unverletzte Seelen
nimmt das jeder gern in Kauf

Frei werden

Wer frei werden will
muss auch frei werden wollen
Wenn du den Weg gehen willst
hör auf, dir Steine reinzurollen

Fühl ich

Zum ersten Mal ist mir egal
was man über mich denkt
Und mir war nie bewusst
welch große Freiheit darin steckt

Das Gefühl, einfach ich selbst zu sein
das liegt da wirklich drin
Jeder sollte irgendwann mit
»Mir egal«-Fühlen beginnen

Der Anfang

Mein Leben lacht der Jahreszeit
herausfordernd entgegen
So viele Neuanfänge
hat der Herbst noch nie gesehen
Und während Bäume angezählt
ihr Sommerkleid zu Boden legen
nehme ich erst Anlauf
um vom Boden abzuheben

Tritt ins Morgen

Es ist, womit wir uns füllen
was uns ausfüllt
Es ist, wer uns umgibt
der uns prägt

Es ist das, was wir kaufen
das stärker wird
Was wir sprechen
erklingt in der Welt

Unser Handeln hat Einfluss
Akzeptieren hat Macht
Was du so nicht mehr willst
das veränder

Schluss mit innerem Müll
Schluss mit Gift im Gefühl
Tritt ins Morgen und lass
es im Gestern

Nimm all jenem die Kraft
was dich nicht glücklich macht
und sieh zu, wie dein Leben
sich ändert

Auf den Wellen tanzen

Nehme das Leben in Wellen
komme, was kommen will
Sind sie laut, sing ich mit
sind sie leis, werd' ich still

Das Leben ist nun mal kein Tümpel
in dem das Wasser einfach steht
Nein, es hebt sich und senkt sich
und genau das ist wunderschön

Lass mal auf den Wellen tanzen
ihr Rauschen unser Takt
Und mach dir keine Sorgen
geht es bergauf oder bergab

Denn solang wir weiter tanzen
so lange tauchen wir nicht ein
Wir werden Freunde der Gezeiten
und die Könige der Wellen sein

Mut

Ich wünsch dir Mut
der nicht laut schreit
sondern
voll echter Empathie
statt übermütig
Sanftmut sei

Ich wünsch dir Stärke
die nichts zerbricht
sondern
in Form von
Resilienz
Charakterstärke ist

Der kleine Tropfen

Es war einmal ein Regentropfen
der war nicht selbstbewusst
»Alle Menschen hassen mich
es gibt nichts, wozu ich nutz

Immer wenn mich jemand sieht
verzieht er sein Gesicht
Ich würde gerne Freude bringen
doch dazu dien ich nicht«

Das hörte seine Wolke
und sie fasste den Beschluss
dass der kleine Tropfen mal
was Schönes hören muss

Sie wechselte den Breitengrad
und ließ dann überraschend
all ihre kleinen Tropfenfreunde
auf die Erde prasseln

Der kleine Tropfen sorgte sich
»Ich will niemanden treffen«
Am ersten Fenster, das er fand
blieb er verängstigt hängen

Er war leicht irritiert
denn die Sonne strahlte warm
Normalerweise fiel er dort
wo sie nicht durch Wolken drang

»Jetzt sind sie sicher böse
dass ich hier gefallen bin«
dachte er nervös und schaute
durchs Fenster nach drinnen

Doch was er drinnen sah
das hätte er so nie erwartet
Da stand ein kleiner Junge
und er weinte nicht, er lachte

Seine Mutter nahm ihn hoch
und deutete nach draußen
»Das hier, das ist Regen
den wir wirklich dringend brauchen

Regen nährt die Erde
und uns alle, die hier leben
Er gibt den Tieren zu trinken
und hilft Pflanzen zu entstehen«

»Regen, Regen!« rief ihr Sohn
und klatschte ganz begeistert
Es war der erste Beifall
der den Tropfen je erreicht hat

Er applaudierte weiter
und riss dann die Augen auf
Die kleinen Hände standen still
und streckten sich dann aus

»Das, was du siehst, das hinten links
hinter den Bäumen oben
die bunten Farben, weit gespannt
das ist ein Regenbogen

Der Bogen, der entsteht, wenn
Sonnenlicht auf Regen trifft
Und ich hab' selten was gesehen
was noch schöner als er ist«

Verwirrt, was diese Frau wohl meint
ließ der Tropfen den Blick schweifen
Als er die bunten Farben sah
konnte er es kaum begreifen

Dass so was echt durch ihn entstand
das freute ihn unendlich
Dass Menschen in ihm Gutes sahen
erkannte er nun endlich

Hier endet die Geschichte
von dem Tropfen und der Welt
Ich hoffe, dass sie eine kleine
Lehre für dich hält:

Wenn du 'nen Regentropfen siehst
dann lächle ihn doch an
und sagt ihm Dankeschön, dass er
den Luftweg zu dir fand

Der Regen hat's nicht leicht
weil die Menschen Sonne lieben
Doch ohne den kleinen Tropfen
würde es keine Schönheit geben

Und so wie jeder Tropfen
hat auch jeder Mensch 'nen Sinn
Und wenn du deinen noch nicht kennst
dann wirst du ihn bald finden

Farbenpracht

Manchmal muss ich mich erinnern
dass, wenn immer nur die Sonne scheint
letztendlich ja nur Wüste bleibt
und nur dadurch, dass Regen fällt
das Leben Farbenpracht erhält

Jeder kommt an

Heute habe ich erlebt
dass Licht oft überraschend ist
und sich selbst dann noch Bahnen bricht
wenn es nicht zu erwarten ist

Ich hab' gelernt
dass jeder ankommt, irgendwann
Und ich bin froh, dass ich das selber
aus Erfahrung sagen kann

Sonnenuntergang

Erinner dich
dass du selbst dort
am tiefsten Punkt
voll Schönheit bist
Ein Mensch mit
deinem inneren Schein
taucht diese Welt
so wie die Sonne
am Horizont
in Farben ein

Von Herzen

Ich wünsche dir Tage, an denen du siehst
dass dich das Leben nicht in Ketten legt
sondern in seine innige Umarmung zieht

Lichtbringer

Mein Herz ist pessimistisch
Es sorgt sich oft in einem fort
über all das, was schon war
und über all das, was noch kommt
Mir fällt so viel Licht ins Leben
doch ich mach die Augen zu
Ich spür die Sonne auf der Haut
doch lass die Wärme dann nicht zu

Weshalb so kühl, weshalb so ängstlich
macht das irgendetwas leicht?
Aus Angst, dass es mal dunkel wird
leb ich in Dunkelheit
Wo ist der Mut, wo ist die Hoffnung?
Hat sich mir nicht längst bewiesen
meine Sorgen werden morgen schon
in Segen überfließen

Vieles kommt nur halb so schlimm
Das allermeiste kommt viel besser
als mein Sorgenherz es denkt
und den Rest kann man nicht ändern
Darum, mein Herz, sei stets erinnert:
Jeder Tag hat so viel Licht
Lass die Hoffnung in dir zu
Leb statt in Angst in Zuversicht

Und mein Herz, sei stets erinnert:
Jeder Mensch braucht etwas Licht
Sei auch du täglich ein Grund dafür
dass es in andere Leben bricht

Hoffnung in der Gegenwart

Ungereimt und unpoetisch

Gedichte muss man nicht
bei Kerzenlicht im Dunkeln schreiben
mit französischer Musik und
Sternen, die sich am Himmel wiegen

Manchmal fließen sie
bei Tageslicht und Gummibärchen
und fangen erst in der U-Bahn
den Alltag angemessen ein

Watteleben

Nimm das weg
das Rauschen von den Ohren
und aus meinem Herz die Leere
Nimm mir den Schleier von den Augen
gib mir Emotion und Nähe

Meine Welt liegt wie in Watte
durch welche ich mich still beweg
Doch ich will das Leben spüren
wie es atmet und sich dreht

Nimm das weg
die Distanz zu den anderen
die Distanz zu mir selbst
Nimm das weg
lass mich fühlen und sehen
was da in meinen Tiefen lebt

Nimm das weg
mein Watteleben
und schenk mir ganz neue Präsenz
Ich öffne alle meine Sinne
für die Weltintensität

Double Standard

Warum soll Trauer
weniger wert sein als Freude?
Warum ist Schmerz
weniger wert als etwa Glück?

Die Nacht löst den Tag ab
die Ebbe die Flut
Es verblüht, was mal spross
und wer lebt, ist bald tot

Nichts davon ist wertvoller
manches fühlt sich besser an
Doch das Leben, es braucht beide Seiten
damit es Kreise ziehen kann

Warnung: Diese Geschichte beruht auf einer Vielzahl wahrer Begebenheiten und thematisiert Zwangsprostitution.

Schattenwelt

Ihr Name ist Lili
Liliana
wie die Lilie auf der Wiese
Schön, zart, kostbar
Auf ihrer Tür steht kein Name
auf ihrer Tür steht eine Zahl
Sechzehn
Und sechzehn Jahre war sie alt
als man das erste Mal in diesem Raum
für Sex mit ihr bezahlt

Dass sie hier sitzt, im roten Licht
war nie ihre eigene Wahl
Dass sie so gut wie kein Deutsch spricht
ist im Endeffekt egal
Denn innerhalb dieser vier Wände
zählt nur der Körper, für den man zahlt
Und jeder Freier ist sich sicher:
Die will das doch, es ist legal

Ihr Name ist Lili
Liliana
Ihr Geburtsort Rumänien
Ihre Geschichte begann
mit einem Vater im Gefängnis
und einer Mutter, die trank
Lili hatte nicht viel
nur den Traum, der da war:
»Ich will ein besseres Leben
einen mich liebenden Mann«

Und als dann Viktor in ihr Leben trat
schien dieser Wunsch zum Greifen nah
Er schwor ihr seine Liebe
beschenkte sie, war für sie da
Ihre Mutter griff zur Flasche
Lili griff nach Viktors Hand
Und es dauerte nur Wochen
bis er sie mit nach Deutschland nahm

Er versprach ihr einen Job
als Kellnerin in einer Bar
Er sprach von Haus und Hof und Kindern
und sie vertraute seinem Plan
Dass sie die eine für ihn sei
war eine Lüge, das war klar
als sie in seinem Auto plötzlich
mit drei anderen Mädchen saß
Ihr Name ist Lili
Liliana
Doch der Pass, der das belegt
war das Erste, was man ihr nahm
bevor man begann, ihr alles zu nehmen

Sie verlor die Orientierung
in einem völlig fremden Land
Verlor all ihre Kontakte
kam nicht mehr an ihr Handy dran
Dann verlor sie ihre Hoffnung
mit dem Schlag, der sie traf
als sie dem ersten Mann in ihrem Zimmer
panisch »Nein« entgegenwarf

Und in der gleichen Nacht
verlor sie ihre Jungfräulichkeit
Das Geld für ihren Körper
steckte Viktor selber ein
Und er drohte, ihre Bilder
mit der ganzen Welt zu teilen
sollte sie sich entschließen
nicht hier bei ihm zu bleiben

Man machte sie gefügig mit Drogen und Gewalt
Am Anfang nur ein paar Männer, doch bald
sind es täglich zehn bis zwanzig an der Zahl
die in Raum sechzehn ein Mädchen
für – ich kann's nicht anders sagen –
Vergewaltigung bezahlen

Ihr Name ist Lili
Liliana
wie die Lilie auf der Wiese
Schön, zart, kostbar
Doch so nennt man sie nicht
Sie hört: Du Hure, du Schlampe
du Nutte, du Nichts
Und das hört sie so lange
bis sie völlig vergisst
dass sie mehr als ein Körper
als eine Tätigkeit ist

Und so wird sie zu einer von vielen
die ihren Glauben an Freiheit
an die Zwangsprostitution verlieren
Existent in einer Parallelwelt
der legalen Prostitution
Unter dem Radar, weil jeder denkt
dass sie das freiwillig tue

Sie sitzt in Raum sechzehn
Zwanzig Freier am Tag
In Raum fünfzehn sitzt Anna
die das scheinbar ganz freiwillig macht

Doch kann man von freiwillig reden
wenn Geld und Perspektive fehlen
und man anschaffen geht
damit die Kinder überleben?

Ist Prostitution freiwillig
wenn jemand durch sexuelle Gewalt als Kind
verinnerlicht, dass er für nichts als
für Sex zu gebrauchen ist?

Ist Prostitution voller Selbstständigkeit
wenn sich Frauen erst frei
für dieses Leben entscheiden
und dann in ihrem Job
solche Traumata erleiden
dass sich ihnen keine Wege mehr
nach draußen aufzeigen?

Wo die Grenzen verlaufen
das scheint keiner zu sehen
weder zwischen Freiheit und Zwang
noch zwischen unserer Welt
und ihrer Szene

Ja, du liest diesen Text und denkst:
»Das wird es wohl geben
doch zum Glück ja nicht hier
an dem Ort, wo ich lebe«
Und so schließen wir die Augen
vor der Wirklichkeit

Wir können sie nicht sehen
obwohl unser Blick ihre Gesichter streift
Die Mädchen und Frauen
in der Schattenwelt
Frauen wie du und ich
auf sich selbst gestellt
Man kennt nur ihre Dunkelziffer
und es werden immer mehr
Man definiert sie mit einem Label
aber das ist verkehrt

Sie sind einzigartig, kostbar
verdienen Liebe und Respekt
Und sie brauchen eine Hand
die sie nicht schlägt
sondern zur Hilfe streckt

Doch wenn niemand wirklich hinschaut
wer soll sie dann sehen?
Wenn die Welt sie verachtet
wohin sollen sie gehen?
Wenn keiner die Hand reicht
welche Hand sollen sie nehmen?
Wenn sie nur diesen Raum haben
dann wohin mit den Tränen?

Sie sind wertvoll, vollkommen, liebenswürdig
die Zahl ihrer Männer ändert daran nichts
Sie sind nicht definiert
durch den Betrag für die Nacht
Doch wie sollen sie es wissen
wenn es ihnen niemand sagt

Wer wird ihnen zusprechen:
»Du bist ein Mensch, keine Zahl
Dir deinen Willen zu nehmen
ist alles andere als legal
Dein Leben hat kein Preisschild
du bist unverkäuflich, frei
Wir stehen dir zur Seite
du bist nicht länger allein«
Wer wird es nicht nur sagen
sondern wirklich so meinen?

Wir werden es tun

Lasst uns hinschauen
in das rote Licht
Den Blick wagen, in eine Welt
die anders als die unsere ist
Lasst uns beginnen
ihnen Wert zuzusprechen
Lasst uns unsere Schwestern
bei ihrem echten Namen nennen

Einer ihrer Namen ist Lili
Liliana
Und ich hoffe so sehr
dass sie jemanden trifft
der ihr aus diesem Raum
aus der Schattenwelt hilft

Ein Gesicht in der Menge

Mein Blick streift die Menge
bleibt nicht an dir hängen
Und ich werd' nie wissen
dass vor mir jemand stand
dessen Herz mehr erlebt hat
als ich mir vorstellen kann

Verurteilung

Schönheit liegt
im Auge des Betrachters
doch Urteil
legt nur einer fest

Warum dann liegt
Verurteilung
bei uns
in jedem Blick?

Warum geschieht
Verurteilung
wo man
kein rechtes Urteil trifft?

Und jede dieser
kleinen Zeilen
verurteilt gleich
auch mich

Missgunst

Ich beneide dich
Ich sag das leicht dahin
doch die Wahrheit
sie liegt bitterlich
in meinem Magen drin

Ich beneide dich
weil ich dort seh
was ich noch wünsch
Und du machst das wirklich gut
Und du bist dabei noch lieb
Es gäbe keinen hier
der, was du hast
mehr als du verdient

Doch es gibt mich
die auch gern hätt'
was du besitzt
Und die dabei
ihr eigenes Glück
beinah vergisst

Doch ich will nicht mehr beneiden
Will meine Seele wachsen sehen
indem ich in deinem Sein ein Vorbild
statt 'nen Konkurrenzkampf seh:
Denn wenn du das schaffen kannst
schaff ich das vielleicht auch
Und so wirst du mir zum Beispiel
einer bewundernswerten Frau

Eine ganze Menge

An manchen Tagen
braucht man nicht viel
um glücklich zu sein
Denn
wenn man es richtig betrachtet
ist an den meisten Tagen
auch das wenige
schon eine ganze Menge

In diesem Moment

In diesem Moment
kämpfen Frauen auf dieser Erde
mit Tüchern in Händen
und Haaren in Scheren
für Freiheit von Männern
die Leben dafür nahmen
dass ein Mädchen es wagte
ein Kopftuch falsch zu tragen

In diesem Moment
tragen Frauen auf dieser Erde
ein Kind auf der Hüfte
in die unbekannte Ferne
denn sie hoffen, sie finden
ein besseres Leben
Wollen für das Wohl ihrer Kinder
ihre Heimat aufgeben

In diesem Moment
stehen Frauen auf dieser Erde
nach der Nachtschicht in der Küche
um die Kleinen zu ernähren
Sie schultern ein Pensum
für zwei Menschen bestimmt
und ertragen die Erschöpfung
weil sie so voller Liebe sind

In diesem Moment
leben Milliarden von Frauen
so viel selbstloser als ich
Vergisst man mich
dann hoff ich, dass
man noch von ihnen spricht

Rana Plaza

Ich weiß nicht, wie es war
als damals Panik durch dich strömte
Ich weiß nicht, wie es war
als deine Schreie keiner hörte
Ich weiß nicht, wie es war
ein Leben ohne Geld und Namen
Ich weiß nicht, wie es war
für einen Hungerlohn zu schaffen

Ich werd' nie wissen
wie es war
damals in Rana Plaza
Alles, was ich kenne
ist deine Kleidung
die ich anhab

Ich weiß nicht, wie es war
und doch weiß ich:
Es ist gewesen
und ohne das Bewusstsein
werde ich nun
nicht mehr leben

Was bedeutet das für mich?
Etwas hier muss anders werden
denn die Geschichte dient uns doch
um aus ihr etwas zu lernen

Blick in die Weite

Mit Blick in die Weite
standen wir schweigend
jeder so bewusst für sich
dass sein Leben eins von vielen
und doch voll Bedeutung ist

Alle Zeit der Welt

Und mögen
die Tage lang sein
die Jahre kurz
So sei dir stets bewusst
keine Zeit der Welt reicht aus
wenn du sie nicht nutzt

Immer nachts

Und immer nachts
immer nach Mitternacht
dreht mein Kopf laut
weckt seine Ängste auf
Denkt: »JETZT muss was passieren«
Doch kann darauf nicht reagieren
denn alles, was passieren müsste
schläft
entzieht sich meiner Macht
Ich kann nichts tun
und liege wach

Auf den Moment warten

Warte nicht auf den Moment
du bleibst sonst immer kurz davor
Stattdessen nutz die Gegenwart
um deinen Wunschmoment zu formen

Warte nicht darauf, dass Menschen
Hoffnung neu erleben
Werd' du zu der Erhörung dessen
wofür sie grad noch beten

Gardasee

Was ich sehe, ist
von Perfektion gekrönt
Jede Welle trägt ihr eigenes
Perlencollier
Ein Rahmen aus Bergen
noch gepudert mit Schnee
als Passepartout für die
Tiefe und Weite des Sees

Wie groß die Farbpalette ist
kann ich wahrhaftig nur erahnen
Betrachte Tausende Töne
von unendlichen Farben

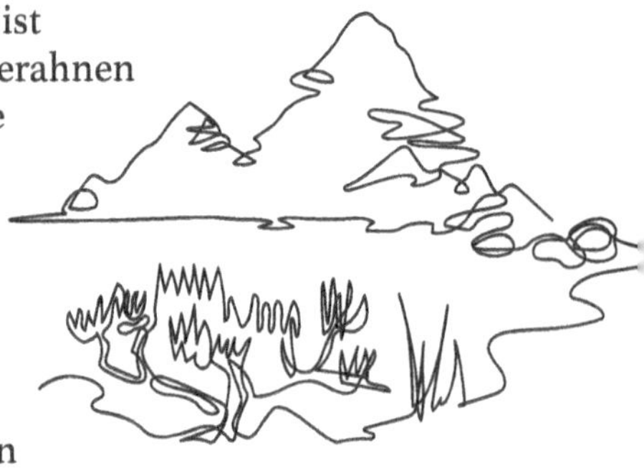

Sag, diese Schönheit
wie kann sie Zufall sein?
Ich sehe Kreativität
bis ins kleinste Detail
In den Farben und Wegen
wie sich alles bewegt
Etwas schwappt, etwas fließt
etwas fällt, etwas schwebt

Meine Bilder und Worte
werden nicht ansatzweise reichen
um die Vielfalt dieser Schöpfung
mit wem anders zu teilen
Vielleicht halt ich sie nur für mich
Aber ich bin dankbar
denn du tatest es nicht

Erde

Einmal mehr wird mir bewusst:
Wir sind so klein
Du bist so groß
und dennoch gänzlich schutzlos
ausgeliefert denen
die dich ausbeuten
anstatt
wie einst geplant
zu pflegen

Fehler im System

Da ist ein Fehler im System
da ist 'ne Lücke im Konzept
Am Anfang war es schön hier
ja, die Welt, sie war perfekt
Wie konnte es passieren?
Auf einmal war es plötzlich jetzt
und die Welt stirbt an Zerstörung
Nicht mehr lang und sie verreckt

Da ist ein Fehler im System
und dieser Fehler nennt sich Mensch
Es ist leider nicht nur einer
der sich selber überschätzt
Es ist 'ne ganze Menschenmasse
die denkt, sie kann das alles selbst
Sie wollen höher, schneller, weiter
Sie spielen Gott, doch bleiben Mensch

Da ist ein Fehler im System
Der Schöpfer, ja, er bittet
uns um einen guten Umgang
doch lässt uns den freien Willen
Und weil dann jeder nur an sich denkt
ist an einen nicht gedacht:
Der Planet, den man uns anvertraut
Er leidet und liegt brach

Da ist ein Fehler im System
und dieser Fehler ist Gleichgültigkeit
Es muss sich was verändern, doch
zum Handeln sind wir nicht bereit
Aus Jahren werden Tage
und uns bleibt nicht mehr viel Zeit
bis Chaos diese Welt befällt
und man auf uns als Täter zeigt

Realistisch betrachtet

Blumen im Haus
sind den Augen Freude
dem Herzen Wohltat
der Nase ein Genuss
Es ist nur schade
dass jede Blume
für mein Behagen
sterben muss

Zusammenwachsen

Lass uns zusammen wachsen:
Lass uns das Gute pflegen
was Neues säen
was schlecht ist, besser machen

Lass uns zusammenwachsen:
Lass uns verbunden sein
in Kleinigkeiten
in Tatendrang und Lachen

Lass uns zusammen wachsen
Lass uns zusammenwachsen
Lass uns die Welt als Aufgabe
und uns als Team betrachten
Und lass uns dabei, Hand in Hand
was Wunderschönes schaffen

Veränderung

Ich glaub, Veränderung
ängstigt mich am meisten dann
wenn ich sie erkennen
doch noch nicht benennen kann

24.02.2022

Ich kann zwar lieben
ich kann zwar kämpfen
doch eines kann ich nicht:
Ändern, was viel größer ist
als meine Welt und ich

Drum, immer wenn ich aufwach
kann ich nichts tun, als mein Leben
und alle Leben anderer
in deine Hand zu legen

Denn ich kann hoffen
ich kann beten
und weiß mehr, als zu glauben:
Menschen sind zwar grausam
aber ich kann dir vertrauen

Drum bet ich heute leise
auch wenn mir die Worte fehlen
dass du heut' Leben rettest
wo man versucht, Leben zu nehmen

Drum bet ich heute leise
weiß nicht ganz, was oder wofür
dass du inmitten Krisen wieder
Richtung Frieden führst

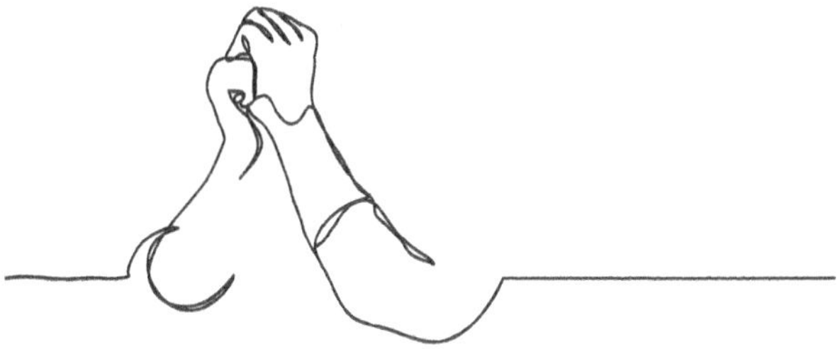

Ich hab's probiert

Wenn keine Worte mehr reichen
um das Leid der Welt zu greifen
dann weiß ich
es ist schlimm

Tatenlicht

In diesen grauen Tagen
wenn sich die Sonne nicht zeigt
bleibt uns nichts, als abzuwarten
und einander gegenseitig
Licht durch Wort und Tat zu sein

Dat kommt, wie dat kommt

Weißt du, was ich mich manchmal frage?
Wenn ich auf einer Bühne stände
fünf Minuten hätte
und vor mir Milliarden ständen
die meiner Stimme zwischendrin
ganz kurz mal ihre Ohren schenkten
was würde ich dann sagen?
Können Worte fünf Minuten
irgendwie bedeutsam machen?

Ich glaub, mein erster Impuls wäre
mahnend den Finger zu heben
Zu sagen:
»Guck mal hier, die Welt ist schlecht
und wir benehmen uns daneben«

Doch dann wiederum denke ich:
Uns überrollen täglich
so viel mehr als fünf Minuten
schlechte Nachrichten und Paniken
und Sorgenwellenfluten
Wär' es da nicht besser
ich spräche mal von etwas Gutem?

Zum Beispiel werden grad neue Verfahren entwickelt
die Blutvergiftungen bald vielfach schneller ermitteln
Es gibt erste Erfolge gegen Malaria in Kenia
Die Jugendarbeitslosigkeit in Spanien wird weniger
Der Pardelluchs ist nicht länger stark vom Aussterben bedroht

Aktuell pflanzt man 100 Millionen Bäume in Borneo
Der Milchverbrauch in Deutschland
hatte letztes Jahr Rekordtief
Und in Münster hat sich mal ein echter Schwan
in ein schwanenförmiges Tretboot verliebt

Kein Witz

Im Pott würde man wohl sagen:
»Dat kommt, wie dat kommt, da machste nix«
Und ich würde dir wünschen
dass du dir diese Leichtigkeit
irgendwie zu Herzen nimmst

Ja, wenn ich fünf Minuten hätte
spräche ich nicht zur ganzen Welt
ich spräche nur zu dir
Denn ich glaube, wir bewegen nichts
wenn wir nur ständig Ängste schüren
und mit dem Blick aufs große Ganze
den einen aus dem Blick verlieren

Wusstest du, dass Angst – nicht Hass –
das Gegenteil von Liebe ist?
Ist Liebe das Ziel
dann ist Angst somit das Hindernis
Dabei können wir mutig sein:
Erfahrung brachte mir bei
das Schlimme, was ich oft erwarte
tritt nur allerseltenst ein
Und der eine, der mein Leben hält
ist einer, der es gut mit mir meint

Und was, wenn nicht?
Tja, dann kommt's, wie dat kommt
da machste nix
Damit meine ich das Leben
diese Welt und auch dich
Wenn hart zu sich selbst sein die Lösung wäre
hätte das wohl bis jetzt geklappt
Also probier doch mal aus, wie viel Macht Gnade
und ein bisschen Optimismus hat

Alles, wovor du bisher Angst hattest
hast du letztendlich geschafft
Die schwierigsten Zeiten
haben dich stärker gemacht.
Jede Erfahrung, die du trägst
gibt dir bald die Möglichkeit
einem anderen in derselben Lage
Zuspruch und ein Licht zu sein

Viele der schönsten Begegnungen deines Lebens
stehen dir noch bevor
Man dachte heute Gutes über dich
es drang bloß nicht an dein Ohr
Du hast tausende Gründe, um dankbar zu sein
Und Good News:
Trotzdem ist es okay, nicht okay zu sein
Manchmal ist eine Umarmung auch
das Einzige, was helfen kann
Also öffne deine Arme und
nimm die Schulter eines Freundes an

Umarmungen
Ich glaub, die brauchen wir oft mehr als lange Sätze

Darum, wenn ich noch 'ne Minute hätte
dann würde ich dir sagen:
Wart nicht länger auf 'nen Plan
geh einfach raus und lieb die Menschen
fang jetzt gleich damit an

Wenn du jetzt 'ne Minute hast
umarm mal deinen Nachbarn
denn in dessen Lebenswelt
ist genau das bedeutsam
Denk an alles, was du hast
und auch an das, was du geschafft hast
Und wenn du noch 'ne Sekunde hast
dann glaub mal an dich selbst
und vertrau drauf, dass es jemand gibt
der dich auch dann hält, wenn du fällst

Ja, manche Tage sind zum Grübeln da
doch heute ist zum Tanzen
Zum Augenschließen, Händeheben
Freudefühlen, Loslassen
Heute ist ein Tag für gute Nachrichten und Lachen
dafür, jemandem zu sagen:
Ich bin froh, dich zu haben
Heute wird Angst von uns mit Liebe besiegt
und Sorgen mit Musik
Lass uns ausprobieren, wie das ist
wenn man das Leben als Tanz
und die Welt als Chance für gute Taten sieht

Denn hey,
letztendlich kommt's, wie dat kommt
da machste nix
außer dankbar zu sein
dat et grad is, wie et is

Richtung Ewigkeit

Und wenn die Welt zu schwer wird
ja, dann mach ich mich kurz leicht
und falle durch sie hindurch, immer
in Richtung Ewigkeit

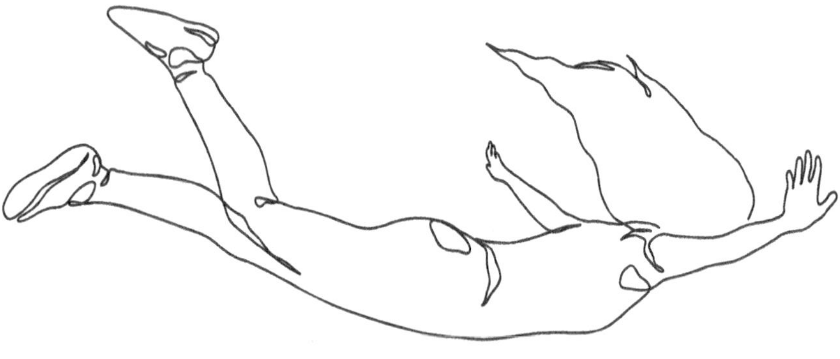

Grauer Punkt

Ich bin ein kleiner grauer Punkt
in einer Welt voll Schwarz und Weiß
Erklär mir deine Meinung
und ich bin zum Verstehen bereit

Jedes Problem, das ich erkenne
zeigt sich von mindestens zwei Seiten
und wenn sie gut begründet sind
betrachte ich sie beide

Sieht jeder Farben anders?
Warum liebt jeder Schwarz und Weiß?
Die Menschen wollen Extreme
und da passe ich nicht rein

Habe ich zu viel Verständnis?
Vielleicht fehlt mir der Intellekt
Doch ich glaub, wenn wir das Grau verlieren
bricht was Essenzielles weg

Vielleicht ist das naiv
Vielleicht nehm ich's zu ungenau
Doch in den Zwischentönen seh ich
große Chance zum Brückenbau

Die gleiche Welt

»Eine ganz andere Welt«, lächelst du
und dann schüttelst du den Kopf
»Nein, eigentlich ist es die gleiche
in der wir alle so anders
dieses Leben gestalten«
Ja, eigentlich ist es die gleiche
Und ich find es wunderschön
dass diese Welt noch so viel mehr ist
als wir in unserer Blase sehen

Du bist die Antwort

Du bist auf dieser Erde
eine Lösung, kein Problem
Die Antwort für all jene, die
fragend nach ein wenig Liebe
gebeugt durchs Leben gehen

Kinder, die auf Kinder achtgeben

Sind wir nicht alle nur Kinder
die auf Kinder achtgeben
und einander auf dem Wege
nach Hause begegnen?
Wenn ich darf, lass mich dich
bis zur Haustür laufen
Denn so eine Begleitung
könnt ich selber gut brauchen

Dein Vertrauen

Dein Vertrauen ist mir keine Last
es ist mir eine Ehre
Und auch wenn ich nicht alle
deine Fragen klären werde
höre ich gern zu
und ich trag dich im Gebet
Mich interessiert aufrichtig
was du machst und wie's dir geht
Ich kann nicht alles für dich tragen
doch ich trage gerne mit
Ich glaube, ich bekam 'ne leichte Last
damit ich deine unterstütz

Für Michal

»Always bring your Lichterkette«
lächelst du mich an
Du hältst sie in den Händen
doch im Gesicht sieht man sie an
Die vielen kleinen Lichter
die in deinen Augen funkeln
Wagemut und Lebensfreude
Lichter aus dem Dunkeln
»Always bring your Lichterkette«
und vergisst du sie dann doch
sei dir sicher, hey,
ich seh dein Licht!
In dir selbst brennt es noch

Bezaubernd

Menschen sind irgendwie bezaubernd
Wie sie sich aneinander freuen
und einander umarmen
Wie sie aus Fremden Freunde machen
an nicht mal einem Abend
Wie sie Gutes aneinander finden
und es sich auch sagen
Wie sie ihre Herzen teilen
durch Worte und durch Taten

Viele Menschen glauben ja
die Menschheit sei 'ne schlechte
Doch ich hab' tausend Beispiele
die dem noch widersprechen

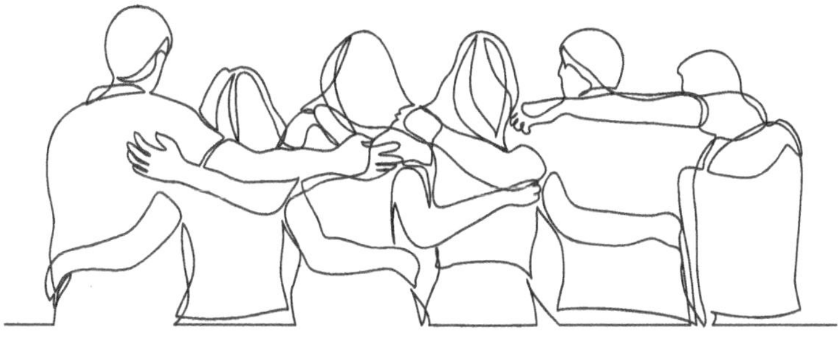

Man kann von beiden Seiten vom Pferd fallen

Mir wurde mal gesagt
ich könne von beiden Seiten vom Pferd fallen
Ich könnte zu viel ablehnen
oder zu viel akzeptieren
Ich kann mich zu sehr rausnehmen
oder zu viel investieren

Und ich hab' mir gedacht:
Bei all dem Hass
und all dem Urteil in dieser Welt
will ich die sein, die
wenn ich schon falle
auf die Seite von
»zu viel Liebe« fällt

Ich will mit offenen Armen
willkommen heißen
Ich will freundlich sein
und es wirklich so meinen
Ich will das, was ich erhielt
um ein Vielfaches teilen
Lass mich dir statt ein Richter
Freund und Mitmensch sein
Ich bin zur Liebe berufen
und ich stürz mich hinein
Ja, wenn ich schon falle
fall ich in Liebe hinein

Hoffnung

Was belastet dich, mein Herz
warum treibst du in mir Sturm?
Deine Sorgen drehen Kreise
immer neu, immer von vorn

Deine Hoffnung ist am Wanken
Doch glaube mir: Das muss sie nicht
Sie wandelte auf dieser Erde
standfester noch als du und ich

Die Hoffnung hat so viel gesehen
viel mehr erlebt als wir
Die Hoffnung musste von uns gehen
man wollte sie nicht hier

Die Hoffnung ging verloren
man verbarg sie hinter Stein
Doch selbst im Angesicht des Todes
bewies die Hoffnung, stark zu sein

Erinner dich, mein Herz
du hast es schon verstanden:
Die Hoffnung starb zuletzt
doch sie ist längst auferstanden

All das, was dir noch neu ist
ist der Hoffnung altbekannt
Menschen, die sich bekriegen
Krankheit, Hunger, Ignoranz

All das, was hier noch alt ist
ja, die Hoffnung macht es neu
Und in ihren Versprechen war
die Hoffnung immer treu

Denn die Hoffnung hat entschieden
dass nur sie entscheiden kann
wie es mit uns endet
Und da hängt meine Hoffnung dran

Drum: Was belastet dich, mein Herz?
Du weißt doch, dass da Hilfe ist
und dass die Hoffnung auch durch dich
hindurch in andere Leben tritt

Denis' Worte

Eine Freundin sprach vor Kurzem
über ein Buch, das es wohl gibt
in dem der Anfang auf der zweiten Seite
und im zweiten Kapitel liegt
Und man kann das Buch zwar lesen
doch es endet mit dem Satz
dass man jetzt nicht glauben soll
dass man das volle Wissen hat

Denn man wird niemals wissen können
was auf der ersten Seite stand
Und man hat niemals ganz durchschaut
was man nicht ganz gelesen hat

Keine Ahnung, ob's das wirklich gibt
doch es lehrt uns übers Leben:
So weit wir die Kapitel blättern
wird stets noch etwas fehlen
Denn da kommen so viele Tage
die du noch nicht gesehen hast
Also lass dein Herz stets hoffen
bis zum allerletzten Satz

Danksagung

Danke dir. Ohne Menschen wie dich, die der Ruhe von Poesie heute noch Raum schenken und ihr Herz berühren lassen, könnte ich nichts von dem tun, was ich Leidenschaft nenne. Also: Tausend Dank, dass es dich gibt und danke, dass du diesem Buch ein Zuhause und deine Zeit geschenkt hast. Ich hoffe, es konnte dein Herz zum Lächeln bringen. Und danke Karina und dem ganzen Lago-Team, dass ihr mir auf schönste Weise ermöglicht, diese Zeilen der Welt zugänglich zu machen.

Ich bin beschenkt mit Menschen, für die ein paar Danke-Zeilen schlicht nicht ausreichen. Dazu gehören: Mein Mann Daniel, der beste Teampartner der Welt. Meine Eltern, die gütigsten Herzen der Welt. Meine Schwester Anna, die verständnisvollste Seele der Welt. Marlene, die beste Freundin der Welt. Meine Mädels und Jungs – ihr wisst, wer ihr seid, vor allem dann, wenn ihr 2022 einen Blumenkranz im Haar getragen, mit mir auf einem Konzert getanzt oder einen Footballabend verbracht habt. Einfach nur Danke. Ich hoffe, ich kann euch irgendwann zurückgeben, was ihr mir an Halt und Freude in diesem Leben gebt.

Am dankbarsten bin ich Jesus. Er schenkt mir Worte, wo ich keine Worte habe, und Liebe, wo ich keine Liebe habe. Ich hätte kein zuversichtliches Herz, dürfte ich nicht täglich erfahren, dass ich bedingungslos angenommen werde und mit Sinn geschaffen bin. Meine Zukunft liegt in deinen guten Händen und deine Liebe für diese und in dieser Welt macht mich im großen Ganzen hoffnungsvoll.

Anmerkungen zu einzelnen Gedichten

Quit waiting for a plan;
just go love everybody
Dieses Zitat vom Anfang des Buches stammt vom amerikanischen Autor Bob Goff, und wurde von ihm 2017 auf Twitter veröffentlicht (https://twitter.com/bobgoff/status/832622172870840323).

Inspiration zu dem Text *Deine Welt – ein Himmel* war das Lied »Someone Else's Heaven« von Chelsea Cutler, veröffentlicht bei Universal Music Publishing Group (2021).

Der Text *Du bist nicht spät dran* wurde inspiriert von Textpassagen aus Emily Maroutians Buch »The Book of Relief« (2021).

Bibliografische Information der Deutschen Nationalbibliothek
Die Deutsche Nationalbibliothek verzeichnet diese Publikation in der Deutschen Nationalbibliografie. Detaillierte bibliografische Daten sind im Internet über https://dnb.de abrufbar.

Für Fragen und Anregungen
info@m-vg.de

Originalausgabe
4. Auflage 2025
© 2023 by Lago Verlag, ein Imprint der Münchner Verlagsgruppe GmbH
Türkenstraße 89
80799 München
Tel.: 089 651285-0

Alle Rechte, insbesondere das Recht der Vervielfältigung und Verbreitung sowie der Übersetzung, vorbehalten. Kein Teil des Werkes darf in irgendeiner Form (durch Fotokopie, Mikrofilm oder ein anderes Verfahren) ohne schriftliche Genehmigung des Verlages reproduziert oder unter Verwendung elektronischer Systeme gespeichert, verarbeitet, vervielfältigt oder verbreitet werden. Wir behalten uns die Nutzung unserer Inhalte für Text und Data Mining im Sinne von § 44b UrhG ausdrücklich vor.

Redaktion: Lara Jarolin
Umschlaggestaltung: Sarah Marie Zacharias, Isabella Dorsch
Umschlagabbildung: shutterstock.de/VolodymyrSanych
Abbildungen Innenteil: Shutterstock.com/suezi, Simple Line, Olga Rai, Askhat Gilyakhov, Logvin art, Polly267, Sahs, Olga Khalizeva, LivePaperStudio, samui, natka_u_a, DODOMO, tetiana_u, katsumatakun, magic_creator, Gwens Graphic Studio, alla_line, NadzeyaShanchuk, Nina Savinova, Singleline, Derplan13, Mitoria, Dychkova Natalya, nasharaga, Luckyrizki, tutsi, Mykhailo Hnatiuk, LivDeco, Retany, LuckyStep, Rusyn, Back one line, arvitalyaart, StockLeb, OneLineStock.com, AstarteJulia, Ching Design47
Satz: Christiane Schuster | www. kapazunder.de
Druck: GGP Media GmbH, Pößneck
Printed in Germany

ISBN Print 978-3-95761-226-7
ISBN E-Book (PDF) 978-3-95762-342-3
ISBN E-Book (EPUB, Mobi) 978-3-95762-343-0

Wir produzieren nachhaltig
www.m-vg.de

Weitere Informationen zum Verlag finden Sie unter
www.lago-verlag.de
Beachten Sie auch unsere weiteren Verlage unter www.m-vg.de